湖南省普通高等学校教学改革研究资助项目（HNJG–2020–0994）

球类竞技运动的价值研究

钟永锋　著

九州出版社
JIUZHOUPRESS

图书在版编目（CIP）数据

球类竞技运动的价值研究 / 钟永锋著 . -- 北京 ：
九州出版社，2021.8
ISBN 978-7-5225-0388-2

Ⅰ . ①球… Ⅱ . ①钟… Ⅲ . ①球类运动－竞技体育－
研究 Ⅳ . ① G84

中国版本图书馆 CIP 数据核字（2021）第 157915 号

球类竞技运动的价值研究

作　　者	钟永锋　著	
责任编辑	云岩涛	
出版发行	九州出版社	
地　　址	北京市西城区阜外大街甲 35 号（100037）	
发行电话	(010)68992190/3/5/6	
网　　址	www.jiuzhoupress.com	
印　　刷	定州启航印刷有限公司	
开　　本	710 毫米 ×1000 毫米　　16 开	
印　　张	11.75	
字　　数	200 千字	
版　　次	2021 年 8 月第 1 版	
印　　次	2021 年 8 月第 1 次印刷	
书　　号	ISBN 978-7-5225-0388-2	
定　　价	59.00 元	

前　言

　　竞技运动即比赛性的体育活动，目前国际通行项目有田径、体操、足球、游泳等，此外各国还有自己的特殊项目，如中国的武术、印度的卡巴迪、泰国的藤球和泰拳、菲律宾的水下曲棍球、越南的赛牛、澳大利亚的冲浪、英国的英式橄榄球等。竞技运动是规范化、体系化的竞争性体育活动，具有正式的历史记载和传说，以打败竞争对手来获取有形或无形的价值利益为目标，在正式或非正式组织之间的群体成员或代表间进行，强调通过比赛来显示体力和智力，在对参加者的职责做出明确界定的正式规则限度内进行。

　　球类竞技运动中的"竞"显然是"比赛""竞争"的意思。大凡代表历史前进的斗争性社会活动，无不以实现人的幸福为宗旨。《浮士德》有言道："享受使人退化，逆境、失败和受苦使人得到训导、加强和净化，不幸锻炼了意志，能忍受困苦的意志在压力下变得坚韧和强健起来。"进入 21 世纪，人们常把获得幸福感作为人参加实践活动的重要目标。美国《独立宣言》指出：人人生而平等，造物主赋予他们若干不可剥夺的权利，其中包括生命权、自由权和追求幸福的权利。但是，幸福不是馅饼，它也不会从天上掉下来。要提升幸福感，就必须投身不断奋斗的历程中。当然，把幸福和希望寄托在"姜太公钓鱼，愿者上钩"上，是绝无可能获得幸福的。因此，球类竞技运动为人们不断突破自我、提升精神品位、获得幸福感提供了途径。"我们称之为幸福的东西，绝不是某种东西，而是某种过程"，此名言切中了幸福的要义。幸福正是通过不断奋斗而实现的。获得幸福感的正确途径是，把幸福实现看成奋斗过程，在不断突破自我中获得。在球类运动竞技场上，观众能看到"隐形奔腾的荷尔蒙"和运动激情，如果爱好者亲自参与，还能够体会到多巴胺带来的"快感"，竞技运动的价值可见一斑。而且，在日常生活中，我们发现青少年往往对周围事物充满好奇，他们喜欢模仿、善于发现，但由于竞技运动知识与经验缺乏、技能储备不足，对体育运动兴趣不高，时常出现独坐和不愿意参与的情形。此时，如果我们通过营造良好的球类运动氛围和环境，他们的运动兴趣就会大增，从而越来越喜爱竞技运动。

人是一种不断追求深刻性的高级动物，冥冥之中必须把刻在基因深处的奋斗和对抗特性展现出来，并与外界能量进行更好的沟通和交流。在农耕时代，世界人口主要由粮食产量决定，身体的强壮和灵活在资源获得、获取配偶延续后代方面具有重要优势，人类运动基因通过竞争实现优胜劣汰，力量、速度、耐力、灵敏基因变得越来越强大，更容易适应外界环境，求得生机。竞技运动的追求是卓越和幸福吗？并不全是，它已发展成为一种有组织的社会活动，是超越生命有限性和情绪表达的需要，是刻在骨子里面的奋斗基因表达。通过球类竞技运动的幸福追求可以成为人的精神食粮，人们把它作为重要目标也不难理解。人类参加球类竞技运动、发起活动的终极冲动是追求生命宿命的突围和价值的丰富性。运动是生存最基本的要求，人类最开始的活动就是运动。球类竞技运动是人类最基本潜能的挖掘，就算是残疾人也有运动的动机和内在冲动。人类文明越是发展，为巩固这一最基本优势的动机就越强烈，它是人类原始的冲动。

随着中国经济实力的增强，竞技运动开展不再以创造运动成绩和获胜为主要目标，人们开始更多地关注自身的身体健康和幸福指数。球类运动作为竞技运动的重要组成部分，既具有普遍价值，也有其特殊价值。相对于其他竞技运动项目而言，球类竞技运动必然具有更多的变化，此类竞技运动的技术、战术及趣味性和不可预测性具备独特规律，它具有其他类型竞技运动所不具备的独特价值。习近平总书记在十九大报告中强调，中国特色社会主义进入新时代，我国社会主要矛盾已经转化为人民日益增长的美好生活需要和不平衡不充分的发展之间的矛盾。所以，球类运动在新的时代背景下的价值必然发生变化。本书以球类竞技运动为研究对象，首先对竞技运动以及球类竞技运动进行了阐述；然后从众多的球类运动中选取了较有代表性的足球、篮球、网球、羽毛球，依次对其价值展开了研究；最后对球类运动进行深化和研究，论述了运动文化的建设以及社会体育的发展。

当然，球队竞技运动有很多种类型，远远不止本书所列举的足球、篮球、网球、羽毛球这四个项目。以这四个项目作为例子，是考虑到这四个项目有广泛的群众基础，有良好的健身价值，也是人民群众喜闻乐见的球类运动项目。

作者在撰写的过程中虽力求论述的翔实，但个人力量终究有限，书中难免有不足之处，敬请广大读者谅解和指正，作者不胜感激。

目　录

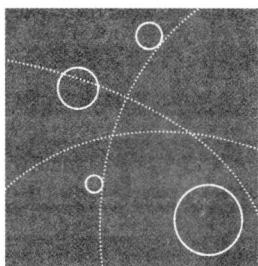

第一章

竞技运动与球类竞技运动

第一节 竞技运动起源与发展

一、竞技运动的起源

在古希腊《荷马史诗》中，有大量竞技运动的描写。竞技运动的产生可追溯到原始社会，从动物的"竞逐"本能开始。弱小的动物——鹿、兔、羊在对抗能力较强的动物——虎、豹、狼面前能否生存，取决于奔跑能力。此外，动物界还有"同类缠斗"，只有胜利者才能当领袖，占有食物、地盘或交配对象。生物界的这种竞争常发自本能，未经有意识训练，这种低级本能称为"竞逐"。[①] 人类是高级动物，被称为"万物之灵"，自然也就继承了排他性、竞争性、攻击性本能。恩格斯曾这样描述：人来源于动物界这一事实已决定人永远不能完全摆脱"兽性"，所以问题只能在于摆脱得多些或者少些，在于兽性或人性程度上的差异。至今，人类许多活动都能从动物活动中找到痕迹。

竞技运动向来深受人民群众的喜爱，不管是亲自上阵参与"切磋"，还是作为观众欣赏比赛，都能给人们强烈的精神满足感和愉悦感。究其起源，竞技运动历史与人类历史一样源远流长，它萌发于原始社会的早期，随人类社会而逐步"进化"。长期以来，竞技运动在起源问题上存在多种学说。"种族繁衍"学说认为所有生物都必须为了种族繁衍而存在，这就涉及了择偶。原始生产力决定了身体强壮和匀称在竞争中占重要优势，因此女性在择偶时比较注重男性的对抗和劳动能力。女性可在竞技运动比赛中了解男性的身体素质及运动能力，并将其作为择偶条件。"劳动说"认为它起源于劳动，人类在劳动中产生了竞技运动。很长一段时期，学者们倾向于"劳动论"，其理论基础是"劳

---

① 谷世权.竞技运动的起源及其本质特征[J].体育文史,1993,11(4):7-8.

动创造了人"。① 此外，史学界还提出了"宗教起源说""战争起源说""游戏起源说"等。

（一）劳动起源说

根据马斯洛层次需求理论，人最先满足生理需求。由此，最初的所有游戏都是围绕着人的生理需求进行设计和拓展的。5万年前至1万年前，人类进化为"晚期智人"，人类思维开始接近"现代人"。人们认识到好的综合素质能猎取更多食物，于是原始人开始把教育与锻炼分开。经研究，此阶段原始人已开始进行长距离跑、立定跳远、跳高等训练活动，还做了许多练习器材。② 专家从原始人居住过的洞里的崖画中看到一头野马身上有被反复投刺的印痕，这表明史前人类已有为生产做准备的劳动技能。学者们将此阶段称为原始竞技运动的"身体练习发展阶段"。通过参加体育锻炼，人们的身体素质和对抗能力都得到增强，群体在射杀野兽的时候就有了更多胜算，这有利于部落人口的增长和人的繁衍。体育锻炼与技能相结合构成了原始性竞技。③ 有专家推理：这是原始竞技的首次质的飞跃。随着练习和娱乐活动的逐步推进，人们为了强身健体，逐渐以身体对抗进行消遣，这就是"竞技运动"的雏形。于是，有专家再次推断：此处转变是原始竞技第二次质的变化。此阶段的时间不迟于旧石器时代晚期。

（二）宗教起源说

在古希腊时期，竞技比赛在举办初期并不是单纯比赛，而是对神灵的祭祀。他们认为，神明无处不在，神明不能得罪，若对神明忽略，将遭到惩罚。所以，在希腊观念中，献祭必须按仪式进行。而取悦神明的

---

① 马秀梅."体育全球化"起源时间的再考量[J].山东体育学院学报，2019，35(2)：20-28.

② 饶花.浅析不同体育起源说下竞技体育的社会价值[J].文体用品与科技，2020，40(10)：173-174.

③ 苏健蛟.论古代奥林匹克宗教情结对现代竞技体育的启示[J].体育研究与教育，2015，30(3)：37-40.

方式除了供奉祭品外，常在献祭后举办赛会。① 在其观念中，超人的力量、协调的动作，皆是美好的事物。所以，展示健与美、博取诸神欢心，逐渐成为最虔诚的内容。此外，古希腊人还相信神明和凡人一样喜欢竞技，有时神明也参与比赛。

以竞技来表示对神灵和英雄敬仰的习俗，在荷马时代就已存在。《荷马史诗》中记载了许多竞技活动，包括战车赛、拳击等。这种竞技活动又逐渐形成了许多全民族大型的赛会，如四大祭神竞技会，其中有奥林匹亚运动会（祭祀宙斯）、皮提安运动会（祭祀太阳神阿波罗）、伊斯马斯运动会（祭奉海神波塞冬）、尼米亚运动会（原为纪念奥佩利夫斯而举办，后改为祭祀宙斯）。另外，还有为妇女组织的赫拉竞技会等。

（三）战争起源说

战争关乎民族和国家的生死存亡，因此统治者为了巩固自己的政权，都会想方设法提高国家的防御能力，花大量的人力、物力、财力来提高军事实力。在古希腊，由于希腊氏族社会瓦解，城邦制的奴隶社会形成，希腊诸邦都建有锻炼的练身场。古希腊的练身场上有跑道，没有屋顶，竞技练习在露天进行，他们认为晒太阳是很健康的生活方式。在古希腊，能进练身场，也是公民的荣誉。人们崇尚竞技运动，很多希腊公民都去受过训练，尤其是贵族，他们认为受过训练的人，是有教养的人，否则就是出身低微的人。② 战争促进竞技运动的开展，古奥运会项目也带有军事烙印。但战事让人民感到厌恶，人们渴望和平的生存环境。后来，斯巴达王和伊利斯王签订了"神圣休战月"条约。于是，原为军事训练的竞技，逐渐变为将和平与友谊放在第一位的运动会。同时，对抗性军事身体活动和体育游戏的融合促进了竞技运动的发展。

（四）游戏起源说

关于游戏起源说，其发展历程如下：游戏活动（对抗性）→非正式

---

① 葛攀文. 试析宗教对体育发展的影响 [J]. 当代体育科技，2014, 4(23): 172-174.
② 魏彪，赵岷，李翠霞. 原始体育起源浅析 [J]. 雁北师范学院学报，2003, 19(2): 109-110.

竞技运动→半正式竞技运动→正式竞技运动→职业竞技运动。[①]的确，许多竞技运动都起源于劳动、军事和生活技能，但有些也是从娱乐活动中演化出来的。例如，现代篮球，源于从向有底的竹篮里投球的室内集体游戏，当时的篮球运动无明确规则，场地、活动人数不限，仅在室内空地两端各放一只桃筐。

再如，中国的古代足球。根据史料记载，早在公元前475至公元前221年的战国时期，我国就有了足球游戏——蹴鞠。汉代，帝王、贵族以蹴鞠娱乐，军队以蹴鞠练兵。到汉代，蹴鞠已经有了严格的和规范蹴鞠专用的场地。唐代，进入鼎盛时期。此时期蹴鞠游戏不仅在帝王、贵族、军队中盛行，在文人及民间也流行起来，还发明了球和球门。

另外，排球也是由球类的嬉戏发展来的，在滑雪、冲浪等活动中都可以看到它的身影，所以说几乎所有项目的形成都与游戏不可分割。

显然，运动的形成经历了一个非常长的历史过程，生理和心理需要、宗教和战争等都是促使其形成的重要动力。

二、竞技运动的发展

（一）古代竞技运动

在人类与生俱来的需求中，生存是占据首要地位的。竞技运动起初只是模仿人的一些劳动场景和简单的狩猎动作，刚开始的竞技运动很粗糙，注重实用性。人类进入文明时代后，物质水平不断提高，不再把解决生存问题作为目标，而竞技运动开始具有多样性的特征。娱乐性在竞技中占重要地位，如西亚苏美尔人赛跑和两队人分别持真假刀枪打斗的比赛，都具有娱乐性色彩。在希腊，观赏性比赛也带有娱乐消遣目的。唐宋帝王将相对马球、蹴鞠很着迷，并为此吟诗作赋，民间还流传了很多极具传奇色彩的历史故事。这一时期，赢得比赛的欲望在竞技中已经

---

① 魏春生.我国体育游戏的起源和发展[J].伊犁师范学院学报（社会科学版），1995，14(4): 61-69.

显露出来，且在不断加强。①

　　古代奥林匹克局面的变化，就是竞技运动发展的突出印证。竞技会（还处于军事民主制时代）上，神的地位极高，胜利者会将荣誉献给神。到文明时代后，神的影响逐渐减弱，人们为在运动会上展现才智而感到骄傲。在罗马帝国，这种欲望极为强烈。为满足自己的虚荣心和为团队赢得荣誉，罗马自由民早已把生死置之度外，充满了斗志和激情，在正式的比赛前投入大量的人力、物力、财力进行训练，充当"志愿角斗士"。此外，为强身健体而参加竞技运动的现象也十分普遍。印度著名医生克拉克等医学家还特意告诫人们，除参加一般竞技运动外，还应当进行特殊竞技锻炼，竞技运动也同样有助于身心健康。

　　同时，审美观念已开始形成。在早期著作中，人体美已是其重要主题之一。对此，古希腊表现最为突出：他们把奥运会冠军视为美男子（如菲利普），对他们有特殊的情感，认为他们是英雄；希腊学者毕达哥拉斯长期研究人体匀称，并对其进行测算，开始用数学来解决社会问题；在大型体育赛事中，除了一般的竞技比赛，健美比赛已经成为其中的重要元素；希腊人已经为健美制定了标准（如"卡洛斯"的意思是美丽和力量）。随着价值取向的转变，竞技运动的世俗化也在增加，其宗教意义也在逐渐淡化；此外，随着文明的发展，仪式趋于简化（如采用祈祷的方式），以至于不再需要用竞技运动来达到文化目标。

　　另外，由于阶级禁欲主义色彩已经十分浓重，世俗性竞技运动与宗教观念格格不入，在世界上一些教权占据主导地位的国家，教权凌驾于竞技运动参与权之上，竞技运动被作为与宗教教义相悖的异端而被排斥。因而，古代奥林匹克祭神竞技会，最终于被以基督教为信仰的罗马帝国禁绝，而此后的大约 1 000 年间，欧洲竞技运动因同宗教教义有冲突而长期被抑制，在这一时期，竞技运动的发展非常缓慢。②

　　整体来看，竞技运动的宗教内容逐渐减少，加之因与宗教抵触而遭

---

① 李佛喜.从竞技到游戏：未来体育发展的新路径——基于体育史的反思[J].体育研究与教育，2016，31(4)：49-52.

② 葛文超.中国短兵与欧洲历史武技的比较研究[D].广州：广州体育学院，2020.

取缔，以致在一定程度上，它已同宗教发生分离，也就是说，它已不再是工具，而成为具有独立性的社会事物。虽然在某些情况下，在某些国家和地区（尤其是宗教活动盛行，又对竞技活动较为宽容的地区，如印度等）它必须依靠宗教来促进其发展。随着竞技运动与宗教活动的分离，竞技运动的功能因为社会文化生活的丰富而扩大。进而，史前时代作为劳动和战争手段的运动开始超越劳动教育和功利原则，出现在文化活动中。比如，在史前时期，主要用于狩猎的摔跤、射箭、标枪、斗剑、跑步等竞技项目成为文化内容。在文明时代，无论是东方还是西方，它们不仅保留了实用价值，还逐步变成了娱乐性元素和文化元素。竞技运动与宗教、军事关系的演进，导致竞技运动不断被排斥并与之交织。在竞技运动独立过程中，不仅出现了专门的场馆和相应的设备，组织和管理体制也逐渐形成，最终促进了竞技运动的发明和进化。此外，运动项目和训练方法也迅速发展。

在竞技和宗教分离之前，场馆就已经具备了一定的规模和风格，并且在统治者有意识的主导之下，硬件设施已经开始变得越来越具有文化品位，而古希腊进行宗教活动之后会在赛区上面开展文化活动。古希腊城邦在建造运动场地时，有他们的文化风格和实际要求的考虑，其中许多运动场地是长方形的，场地的周围有足够的空间留给运动员和裁判员，四周的看台空间非常大，可以容纳数万名观众同时观看比赛。由此可见，古希腊时期的竞技运动文化氛围已经非常浓厚，统治者和一般民众已经从内心深处接纳了竞技运动，并且已经把竞技运动作为提升国家和民族整体实力的重要载体。

罗马的比赛场馆的设计非常精妙，比赛场馆规模已经超过了同时期其他地区的运动场馆规模。比赛场馆中具有代表性的竞技场有马克西穆斯竞技场、弗拉米尼乌斯竞技场马克森提竞技场等。在当时引起轰动的比赛场馆要数罗马斗兽场，它占地约 24 281 平方米，有 8 万个座位，呈椭圆形；地下室是角斗士室，器械储藏室和牛棚；给排水设备已经进行了精心设计和试用，可以在短时间内将竞技场注满水进行模拟海战。古印度很多城市的城门旁都有摔跤、拳击场，有的还配有观赏设施。在古希腊，有两种运动练习场：摔跤场和体育馆。前者类似庭院建筑，为私人产权；后者的主体是开放的设计，由国家进行管理。两者都配有更衣室、浴室等。

罗马角斗场训练保障系统已经趋于完善。角斗士的训练中心呈现四边形，里面有各种用于训练的器械和辅助训练的设备，角斗士的运动员可以在运动场上充分发挥自己的竞技水平，比赛后可把所有注意力都集中在如何提高对抗能力上。[①] 训练完以后，运动员可以在相对宽松的氛围中享受按摩和理疗，也可以看书，提高自己的文化素养。

波斯人有多种提高儿童对抗能力的训练手段，其中球队竞技运动使用频率较高。一开始，竞技运动和生产劳动、军事训练之间存在着千丝万缕的联系，其有时融合成一个整体，你中有我、我中有你，无法分割。但是，经过长时间的进化以后，竞技运动开始获得相对的独立，竞技运动开始有了专门的设备、专门的教练员和运动员、专门的比赛规则，以及常规化的竞技赛事，竞技运动的管理也趋于规范化。竞技运动开始从生产劳动和军事对抗中脱离出来，逐渐成为社会生活中相对独立的社会事物。

（二）近代竞技运动

在近代，英国作为经济强国，其文化元素被推广到世界的其他地方，其中包括竞技运动的很多项目。在 17 世纪，在英国的城市市区的空间中很难看得到体育运动项目活动的空间，然而到了 18 世纪末，随着学校体育工作的发展，统治者开始关注大众的体育文化需求，把工作重心之一转向体育运动设施的建设。例如，1794 年，橄榄球学院购买了板球和足球的开放空间。这个阶段的欧洲大陆没有摆脱古代竞技运动场馆建设的风格。它们的场馆往往是这样的，中间是一个椭圆形的操场，操场四周

---

① 姚东升.建筑遗产修复的可识别性研究——以罗马角斗场为例 [J].建筑与文化，2021，18(5): 80-81.

是逐渐升高的看台，这种风格持续了很长时间。[①]

19世纪，随着运动竞赛的逐步完善，政府开始将体育建筑纳入考虑范围。一些有名的学校，如牛津大学、剑桥大学等开始进入修建体育建筑群的行列。在此时期，许多体育场馆都被修建成了田径和板球运动场。当然，用于进行板球比赛的体育场馆，有时也被用来进行田径比赛。到了19世纪中期，许多运动设施开始建在室内，德国甚至在海边修建了具有代表性的健身房。此建筑占地达到了约557平方米，中间有隔离墙，所有的场地被隔离墙隔成了两个相对独立的空间。经过此设计，运动场地得到了合理化利用。随着时代的发展，运动场地的风格也在逐渐演化。到了19世纪末20世纪初，运动场馆的风格开始向现代化风格转变。

在现代竞技运动不断完善的进程中，运动器材不断科技化是推动竞技运动不断进步的内在动力之一。由于欧洲体操发展迅速并接近世界先进水平，与之相配套的先进运动器械逐渐被发明和应用。很多有助于提高人的身体机能和运动素质的运动器械开始得到普及，如单杠等运动器械的辅助锻炼设备被应用在运动训练中，并被不断推向大众健身。排球和篮球被发明以后也开始有了自己的规则和专门的器械场地。当然，最开始篮球比赛采用的是手球，而排球比赛采用的是篮球，这都是这两类比赛初始发展阶段的产物，随着社会的发展和项目不断演进，比赛趋于规范化和常规化。

当然，竞技运动的发展离不开规则的统一化和器械的标准化，只有达到了规范化和标准化，竞技运动项目才有可能在区域范围甚至世界范围得到推广。19世纪末，铅球和铁饼的重量和形状被确定下来。20世纪初，标枪长度和重量开始有确定的标准。竞技运动永远与社会的发展紧密相关，许多优秀的现代科技成果运用于竞技运动后，竞技运动项目的发展获得了极大的进步。比如，内燃机科技的进一步发展，使其构造更加合理，重量变得非常轻，使赛车的竞赛活动成为可能。在1912年的斯德哥尔摩

---

① 李磊.近代中国社会变迁与体育价值观的嬗变[J].南昌师范学院学报，2015，36(3)：19-22.

奥运会中，摄影设备和电子化计时设备开始应用在比赛中，大大提高了比赛裁判的精准度，确保了比赛的公平性。

（三）现代竞技运动

竞技运动的现代化发展，使其无论是在项目本身的规则完善，还是在科技含量的提升方面都发生了翻天覆地的变化，各种高科技仪器和设备开始运用到训练和比赛中，运动员训练的合理性和竞赛的公平性进一步提升。

首先，从科学技术的含量来看，运动员要想在世界大赛中获得成绩，必须要经过精准选拔。在选拔中，教练员可通过现代化仪器手段，准确预测运动员的身高、爆发力等关键指标。在运动训练中，教练团队可以把最新的科技成果运用到运动训练方法和手段中，最大化提高运动员身体素质和技战术水平，如各种工程学手段和流体力学知识被运用在器械和设备的提升中。显而易见，科技含量成为制约现代竞技运动项目发展水平的重要支撑力量。

其次，在竞技运动项目的规则和法律制度层面，各种规则和立法趋于完善。竞技运动的所有训练和比赛必须基于公平、公开、公正的原则，任何不合理的制度和要素都会导致竞技运动的异化，导致其走向歧途。例如，许多裁判员品德有待提升，他们利用手中的权力开展各种幕后交易以获得钱财。现代化规则和仪器设备的介入，让这一部分人幕后操纵的空间被大大地压缩。又如，兴奋剂与反兴奋剂一直是对抗性游戏，兴奋剂的运用者总是想通过使用兴奋剂并逃过检查来谋取非正当的权益，而反兴奋剂的人员总是希望通过各种高科技的手段来杜绝和防范此类行为的发生。兴奋剂和反兴奋剂的斗争永远在进行，正义与邪恶的较量永远在路上。

第二节　竞技运动的基本特征

一、激烈的竞争性

竞争性是竞技运动的本质特征之一。现代竞技运动秉持着奥林匹克运动"更快、更高、更强"的基本发展理念，其参与者在训练和比赛中总是倾尽全力，以获得更高的竞技能力和比赛成绩，总是倾尽全力。在运动选拔中，许多训练团队为了获得天赋条件更好的选手，不惜花费重金。在运动训练中，教练员总是想方设法提高后勤保障能力，以提升运动员的身体素质和技战术水平。在运动竞赛中，良好的运动团队总是为运动员提供最佳的条件。在运动恢复中，运用了最先进的医疗条件和康复手段。

比赛是检验选手素质和水平的重要途径，竞技场是展示竞技能力的平台。比赛规则的制定使参赛者在特定时间内发挥综合水平，实现公平竞争。因此，效率和公平是永恒的。然而，由于人为因素影响，竞技也表现出公平竞争的相对性。竞赛的前提是合作，提倡"重参与"，因此需要光明磊落的精神和积极向上的态度。

二、结果的不确定性

结果的不确定性提高了平衡性和竞争性。它给了所有参赛者平等尝试的机会，不依赖已有的运动经验和运动成绩进行宣传，还鼓励初学者摆脱自卑感和胆怯的心理，以平等的地位参赛。竞技运动的各种比赛都有其不确定性。与其他种类的社会文化不同，竞技比赛不是按照规定的分数、程序进行的，所以没有既定结果。[①] 体育竞赛存在一定的偶然性，是人们社会文化生活中的热点。

① 白银龙,舒盛芳.我国竞技体育治理演进历程、时代特征与展望[J].天津体育学院学报,2021,36(03): 14-22.

竞争结果是否有效、公平，取决于竞争的公开性。开放的竞争是社会民主的主要特征，如果竞争不公开，就会被怀疑是阴谋，具有掠夺性、非法性。竞技运动最宝贵的地方在于它是在公众眼皮底下进行的，是一种民主精神的对抗。

进一步来说，结果的不确定性受以下因素影响。

（一）参赛者素质

参赛者是比赛的主要参与者。比赛中保持身体机能的稳定是完成任务的前提。面对赛场上发生的很多不可预测的变故，教练并不总能给予他们及时的指导，参赛者也需要做出回应，这是赢得比赛的基础条件。

（二）教练的素质

在现场进行适当监督的教练，可以让面临失败的运动队起死回生。在双方均等一致的情况下，或者一方处于不利的情况下，如果一方教练能够抓住机会，合理地使用战术，那么团队就希望获胜。在游戏中，因为低估敌人、失误而失败的情况并不少见。

（三）裁判员素质

从某种意义上说，裁判控制着参赛者的命运。由于裁判员自身专业水平不同，做出客观准确判罚的能力也不一样。因此，为确保公平竞争，裁判员需要加强业务学习，增强责任感和职业道德。

三、比赛的规范性

比赛规则是法律性文件，可保证竞技体育中的公平竞争，它是基于"法律面前人人平等"这一原则。竞争规则具有模拟社会规则的性质。首先，与其他法律法规一样，竞争规则必须规定该规则适用的条件，不同的规则适用于不同的情况。对于不同性质和级别的比赛，有必要制定特定条款。其次，游戏规则需要明确定义现场的各种情况。再次，就像完整的法律一样，游戏规则规定了违反规则应承担的所有后果。第四，游戏规则与一般规则不同，需要清楚地表明确定胜利的原则和指标（得分和失分成功和失败）。

第五，竞争规则必须权威。竞争仅依靠字面上的约束，或对参与者进行有意识的表达是不够的，还必须通过特定的强制措施来实现。

四、发展的科技性

第二次世界大战后，随着全球科技的飞速推进，现代竞技运动的科技化进程也得以快速发展，主要体现在人体科学、器材设备以及训练科技含量等方面。

（一）人体科学

1. 生物力学用于分析动作技术

运动生物力学是利用高速摄影、光电计时器等工具测人体参数，并通过数学模型、计算机模拟和量度对动作的角度和力进行分析，以提高运动员身体性能的一门学科。在实践中，运动生物力学用于确定运动的技术原理，是参赛者诊断和改进的依据。在未来数年中，技术研究仍会占较大比例，同时目前已有很多专家在进行全民健身、运动医学、康复医学等方面的研究。

2. 参赛者恢复与营养

科技手段会针对参赛者的营养提出更加科学、合理的建议。合理营养和膳食能有效提高运动能力和促进机体恢复。运动训练中的营养是参赛者保持运动能力的物质基础，对机能状态、体力适应、运动后机体的恢复和伤病防治有非常重要的意义。

（二）体育器材

体育器材的发展主要依赖于现代新工艺、新科技的广泛应用。体育器材的创新主要表现在训练器材和比赛器材的不断改进上。例如，在游泳比赛中，泳衣的材质对运动员前进的阻力影响非常大，新材料的运用可以有效地减少泳衣的阻力，让运动员在泳池中如鱼得水，能极大地提高运动员的比赛成绩。新材料、新工艺的运用，使运动员能够更加轻松地投入训练和比赛，有利于竞技运动的快递发展。2000 年悉尼奥运会上，澳大利亚选手身着连体快皮出赛，创下 5 金 9 银 4 铜的战绩。

（三）比赛评价

在竞技运动中，很多裁判员为获得利益，总是想方设法在运动规则的边缘试探。例如，在篮球比赛中，有些既可以判进攻方犯规，也可以判防守方犯规的模糊情形，裁判员往往会偏向对自己行贿的参与者。再如，在径赛类比赛中，裁判员往往会利用人工操作的便利，在时间的测量方面通过动手脚来谋取不正当的利益或者金钱。然而，群众的眼睛是雪亮的，现代信息化社会的特性使信息变得越来越透明，任何弄虚作假的现象，都会被发现，并最后被揪出来。于是，电子测速、雷达测速等更加先进的高科技设备，被运用在成绩的测量中，很多弄虚作假的裁判在现代测量设备的普及中没有了操作空间。

第三节　球类竞技运动的综述

一、球类竞技运动特点

（一）特殊激烈的空间对抗性

所有的球类运动，从本质上来说，都是攻守双方对时间、空间、位置的争夺。不同种类的球类运动对空间、时间、位置的争夺方式有所差异。例如，篮球倾向于采用身材高大的运动员，主要是由于高大运动员有利于空间、位置的争夺。攻守双方将空间、地面与时间结合所展开的阵型与攻守都有独特的规律。在规则的限制下，双方力争控制球权，并以篮球运动的投篮、足球的射门等得分为目的，在规则限定的范围内，产生了激烈的身心对抗，充分展示了球类运动综合对抗的特点。

（二）比赛过程多变性和观赏性

球类运动发展到今天，已经成了令人身心舒适的综合性对抗。球类比赛的对抗和其他的对抗形式有差异，它的对抗过程相对比较复杂，比赛的战术也多种多样。优秀运动员往往能够把技战术运用得游刃有余。比赛过程往往扣人心弦，充满了不确定性。有时运动员只差一分就要获得比赛的胜利了，于是情绪上开始出现波动，连续失分，甚至出现惊天大逆转——劣势方取得了最终的胜利。

（三）能力多元性和比赛集体性

球类运动具有专项能力结构多元性特点。由于在比赛中，运动员往往受到自身竞技能力发挥和对方有针对性干扰的影响，运动员要想在比赛中处于优势地位，往往需要调动自身的创新性思维。球类竞技能力通常包括心理能力、智能、体能、战能和技能，因此运动员的比赛胜利需要稳定的心理、灵活的思维、充沛的体能、良好的战能、精湛的技艺。运动员某一方面的能力缺陷可能导致满盘皆输。另外，球类运动的比赛形式往往体现出集体性特点，球队的胜利，只靠某运动员的良好发挥是不够的，优胜需要建立在协同的基础上。在 2016 年奥运会排球比赛中，具有高超智慧的郎平调兵遣将、合理运用战术，使中国队最后赢得冠军。可见，集体项目与个人项目不同，它往往考验教练员的整体思维和格局。

（四）参与群体的群众性

球类竞技运动具有良好的群众性特点，很多球类竞技运动不需要非常好的场地。比如，羽毛球运动，只要有两个拍子和一个球就可开展练习。很多娱乐性球类运动比赛，既可以按照国际正式比赛规则进行，也可以根据当时的实际情况灵活调整比赛规则进行比赛。在球类比赛中，不同年龄、不同性别、不同运动水平的参赛者都可以在同一个运动场上进行娱乐性比赛。由于球类比赛具有观赏性、结果扑朔迷离的特点，深受大家的喜爱。同时，很多球类运动技术门槛不高，非常容易上手，因此适合很多健身的人群。由于球类项目相对较多，不同的健身人群可选择适合于自身的球类运动，有些人适合高强度对抗的篮球运动、足球运动等，有些人群适合强度相对较低的门球运动等。因此，球类运动的适用面非常广，对提高社会大众的文化生活水平、提高体育人口具有非常重要的价值，而且这种价值是其他种类的竞技运动所无法替代的。

（五）发展的职业化和商业化

球类运动开始只是简单的游戏，然而随着竞技运动的不断发展，变得越来越具有对抗性和观赏性。于是，很多球类运动开始具有商业价值，在赛场上和运动员的球衣上都可以植入广告，甚至某支球队可以以某个商标的名字命名。有了巨大的经济利益回报以后，组建专业的团队来获取这种利益成为可能。于是，有了专业的分工：有人负责统筹全盘，有人负责运动员的体能训练，有人负责运动员的训练和比赛的恢复，有人负责带领运动员进行比赛，球类竞技运动的社会化分工开始出现。由此可见，球队竞技运动的商业化导致了球类竞技运动的职业化，球类竞技运动的职业化进一步强化了球队竞技运动的商业化。

二、球类竞技运动的规律

竞技运动除了具有其他种类竞技运动的很多规律外，还具有自身的特殊规律。

（一）协作

比赛的胜利，往往需要多方协作。在运动比赛中，运动员要想赢得比赛，必须团结一致。运动队的胜利，不仅需要场上球员的付出，还需要教练员的运筹帷幄和替补球员的密切配合。教练员要把全队作为整体来设计战略和战术。在运动训练中，严格执行训练计划，对运动员有仁爱之心，不打折扣地完成训练任务。当然，运动队的协作还需要后勤的保障支持、上级部门的资金支持、运动员家长的理解和支持等。由此可见，运动队的胜利是多方发力而达成的最终结果，任何方面出现漏洞，都可能导致整个运动队的崩塌和溃败。

（二）对抗

球类运动比赛主要表现在时间和空间的对抗上，运动员需要在规则允许的前提下灵活运用自己的身体来得分，并想方设法限制对手的发挥。对抗内容包含了技术、战术和心理等内容。在空间上，对抗是基于地面和空间的三维立体空间的争夺和制约。在时间上，运动员需要抓住每一秒的进攻时间，通过不断变化自己与队友之间的位置关系来创造得分的最佳时机。当然，对抗不是野蛮的，而是需要用身体进行调整，需要灵活地采用各种战术和对手进行周旋。在比赛时间有限制的前提条件下，要加快攻守之间的转换，不断变化自己的进攻节奏使对手无法适应。同时，要不断地通过有针对性的破坏性手段来打乱对手的节奏。在比赛中，要想方设法增加进攻的次数、提高进攻的成功率、提高本方得分的概率，这已经成为大多数球类运动制胜的关键。

（三）变化

显而易见，球类运动是充满活力的运动形式。进攻和防守的双方都在不停地移动和变化，不断实施迫使对手改变技战术的策略。在比赛中总是不断地变化策略和进攻节奏，想方设法争取本方的主动，抑制对手的发挥。因此，变幻莫测是球类竞技运动的灵魂所在，运动是变化的基础性因素，变化是运动场上的绝对因素。运动赛场上变化多端的形式，使运动员的心理发生了或大或小的波动，这些都会导致比赛结果发生意想不到的变化。运动场上可能会有很多固定的套路和战术，一般水平的运动员只能机械地运用这些手段，高水平的运动员往往能够在变幻莫测的局势中找到最适合自己的进攻战略。因此，作为高水平运动员，往往具有动态的、辩证的思维模式。

（四）均衡

在球类运动中，进攻和防守是一对矛盾体，当进攻方把主要精力花在进攻的时候，防守"兵力"势必会减弱。当球队的主要精力用于防守的时候，其进攻也会受到限制。因此，想要获得比赛优胜的球队往往都希望在进攻和防守中都做得出类拔萃。但在现实中，要把进攻和防守都做得非常出色，是很困难的。在具体的比赛中，教练员往往需要根据场上的局势，做出灵活的判断。有时需要侧重于进攻，有时需要侧重于防守，因为在球类运动的实践中，过分注重防守，或者过分注重进攻，都是得不偿失的。因此，高明的教练员在训练和比赛中，往往既注重防守，又注重进攻。在训练中，往往会平衡进攻和防守内容的比例。只有进攻和防守相对均衡的球队，在具体的比赛中才会发挥出最好的水平，不至于被对手抓住大的漏洞后给予致命还击。

三、球类竞技运动文化及其特点

（一）球类竞技运动文化的概念

文化是相对比较宏观的概念。就当前的研究结果来看，文化的定义有上百种，但相对较为合理的定义把文化的内容分为物质文化、精神文化和制度文化。按照此定义，球队竞技运动的文化显然包含球类竞技运动的物质文化、球类竞技运动的精神文化、球类竞技运动的制度文化。球类竞技运动的物质文化包含了球类竞技运动的器材、场地、设备、场馆等不同硬件内容所包含的球类竞技运动特质；球类竞技运动的精神文化包含了它所特有的精神特质；球队进行运动的制度文化包含了球队竞技运动所包含的各种制度、规则等。[①]

（二）球类竞技运动文化的特点

1. 社会性与个体性

球类竞技运动文化是在球类运动发展的过程中逐步演变而成。马克思认为，人的本质是一切社会关系的总和。球类竞技运动文化要成为主流文化元素，就必须要得到社会的认可。而社会的认可从很大程度上取决于球类竞技运动文化是否符合普世的价值观，而球类竞技运动文化恰恰具有社会大众所能接受的精神特质。大多数球类竞技运动文化倡导团结协作、刻苦耐劳、永不放弃、顽强拼搏，这些精神特质，刚好是在社会化大生产和分工协作的过程中应具有的内在品质。因此，球类竞技运动文化从一个国家传到另外一个国家、从一个区域传到另外一个区域的过程中，都会受到当地民众的热烈欢迎。因此，球类竞技运动文化传播的速度非常快，并很快得到普及。

文化的个体性影响着这类竞技运动文化能否得到广泛传播，并具有

---

① 李海涛.我国竞技篮球后备人才培养现状与发展路径[J].体育文化导刊，2020，38(5): 61-66.

可持续发展性。个体性与社会性并不矛盾，个体性的发展代表的这类竞技运动文化具有广泛的包容性，各种不同风格的性格潜质、独特个性都能够被包容。

2. 代表性和符号性

具有球类运动习惯的个体往往都具有团队协作精神。很多企业和单位在招聘的过程中，往往注重员工是否具有球类运动的习惯。这是由于经常进行球类运动的人，由于在运动场上形成的与其他队友团结协助与假想的敌人进行对抗，通常会具有团队精神和刻苦耐劳的品质，在世界范围内，很多优秀的人士都具有球类运动的习惯。甚至在某种意义上说，篮球和足球等球类运动就代表了团结协作和顽强拼搏。[①] 在全世界范围内，球队竞技运动已经逐渐演化成为团队精神的符号，很多企业和公司在搞团队建设的时候，往往采用球类竞技运动。在现实生活中，很多语言就具有球类运动语言元素。比如，某人问：你会不会传球啊？他可能不会真的是要你传球，而是需要你和他团结协作、各司其职，在岗位上面发挥不同的作用，最后达成团队共同的奋斗目标。此时的传球二字，已经演变成为协作的代名词。

3. 全球性和民族地域性

在奥运会项目中，很多项目就属于球类竞技运动。这是因为，球队竞技运动相对比较容易开展，而且趣味性较强。球类竞技运动进入奥运会以后，具有了统一的规则，并在全球范围内受到了世界人民的欢迎。而且，由于竞技运动具有观赏性和商业价值，很多商人从中受嗅到了商机，会进一步从中获益。在有影响力的运动会中，球类竞技运动往往采用国际规则，这使球类竞技运动的制度文化得到了宣传和巩固。虽然规则是固定的，但是由于世界各地的文化特质不同，球类竞技运动文化与当地的文化进行融合的过程中，必然会开出"不同的花"。这就会造成各个国家或者民族的各项目的技战术风格的差异。

---

① 李辉，徐昶楠，王豪，李蕊. 立陶宛竞技篮球发展经验及启示[J]. 体育文化导刊，2020，38(6)：72-77.

4. 继承性和时代发展性

传承是文化的基础，文化的形成和发展是在不断传承中实现发展和提升的。继承和积累是发展的前提，如果没有传承，文化的发展就会变成无稽之谈。文化的传承和发展需要数代人的努力，通过长时间的酝酿和积累。球类运动发展离不开球类运动文化的继承和发展，球类运动刚开始只是一种游戏，随着游戏规则的不断推广，越来越多的人开始认识到这种文化的魅力。加上协会和俱乐部的系统化推进，球类运动文化被固定下来，并形成传统。

历史不断证明，球类运动的文化是在动态变化中呈螺旋式上升的。球类运动文化之所以能够不断地推进和发展，主要原因在于它能够与时俱进，并通过自身的改变不断地融入历史发展的洪流之中。这种球类运动文化的适应性使球类运动能够具有强大的生命力。以 NBA 文化为例，NBA 的文化总是不停地适应大众的生活方式和习惯，它不仅创造了精彩的篮球文化，还创造了巨大的体育产业价值。NBA 的文化总是在寻求突破，它非常在乎自身所表现的每一个细节，懂得在细节上下功夫，使 NBA 成为一个时代的文化符号。

此外，球类文化的继承性还表现在文化的积累和创新上。以 CBA 为例，CBA 的很多文化元素继承了 NBA 的传统，CBA 的文化元素又根据中国本土的文化特征开展了持续改造。

5. 多样统一和互动合作性

只有民族的，才是世界的。各种球类运动文化，往往具有民族的印记。但是，能够推向全世界的球类运动一般具有普世的世界观和价值观，能够被全世界的大多数人所接受和理解。因此，从这个层面上来说，球类运动的文化具有多样性基础下的统一性。很多球类运动的游戏，由于具有民族的特征，往往不能被推向世界，但通过全世界范围内的互动和合作，很多球队竞技运动开始具有普世价值，这就体现了球类竞技运动文化的互动合作性。

球类运动发展到今天，已经超出了一般体育文化的范围，已经与社会的经济、文化和政治紧密联系在一起，形成了相互协调、互促互进的局面。同时，由于很多球类运动很容易上手，参与者之间往往能够充分交流，并且参与者和观众也能够实现非常融洽的交流。由此可见，球类竞技运动文化将互动合作性体现得淋漓尽致。

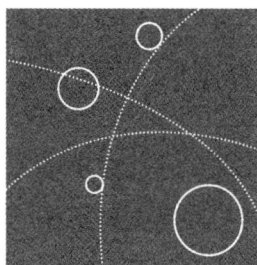

第二章

足球运动及其价值

第一节　足球运动概述

一、足球运动的起源与发展

（一）足球运动的起源

1. 蹴鞠的起源和发展

由于足球文化的影响甚广，世界范围内关于足球起源的争议非常大。[①] 比较有代表的理论如下：①中国的"蹴鞠"；②罗马帝国的"哈巴斯托姆"；③古希腊的"埃伯斯的卡洛斯"；④意大利的"Callao"。因此，有学者认为，足球的起源众说纷纭，与踢球相关的活动出现在不同的时空环境和社会文化。经过严密的论证和逻辑推理，古代足球起源于蹴鞠这一说法已得到国际认可。

（1）蹴鞠的产生。在中国古代，足球以"蹴鞠"为游戏名号。《战国策·齐策》记载，"蹴鞠"最早兴起于春秋战国时期的齐国都城临淄博（今属山东淄博市），作为娱乐方式受到大众的热烈欢迎和积极参与。到了汉代，蹴鞠文化得到进一步的发展，加上音乐和其他元素的进一步加入，不仅普通人踢足球，军队也把它作为提高军人身体素质和修养的方式。与此同时，场地设备和游戏规则都得到了进一步的发展，特别是使用的球有了新的发展，主要运用了带有弹性的实心球。

（2）蹴鞠运动的发展。唐代是中国封建社会经济、政治、文化发展的巅峰时期，经济的发展促进了文化的繁荣。蹴鞠进入运动的鼎盛时期，蹴鞠使用的球由实心球变为空心球，可以跳跃。运动双方不再直接对抗，而是采用了间接对抗的方式。[②]

宋代蹴鞠运动以高球型蹴鞠为主，并借助风箱对球进行充气，场地

---

① 汤硕. 浅论足球在英国的起源及其演变 [J]. 菏泽学院学报，2018, 40(2): 87-91.
② 燕扬. 临淄蹴鞠文化品牌塑造与推广模式研究 [D]. 成都：成都体育学院，2014.

设备的科学性进一步增强。当时，专业的艺人在市井表演蹴鞠能获得一定的金钱，之后蹴鞠艺人成立了"祥云社"（齐云社），这是足球俱乐部最早的雏形。

（3）蹴鞠运动的衰亡。在明代，马球、毽子等运动在民间得到了广泛的传播和积极的推广，这直接影响了蹴鞠的影响力和社会价值。在清初，政府压制了蹴鞠的发展。清代中期，基本上很难找到蹴鞠的踪迹。

2. 古代欧洲的足球比赛

足球在于中世纪之前欧洲流行。在罗马时期，哈巴斯托姆在大众的影响非常广泛，差不多可以比拟当今的足球比赛。

11 世纪，哈巴斯托姆在英国开始萌芽。在早期，这种游戏没有规则，也没有人数限制，处于非常模糊的发展阶段。所以，玩家之间经常有冲突，打架也就稀松平常了。由此，这个游戏被称为"乌合之众足球"，这个阶段的足球还没有非常完善的足球体系。

1314 年，英国政府颁布了几项禁止足球的法律，这些政策在一定程度上阻碍了足球的发展。从 1680 年开始，英国政府开始保护和支持足球，足球在英国重新获得了活力，这为足球运动的发展带来了新的转机。[①]

3. 现代足球的起源

古代足球经历了几十年的漫长发展，但从未成为世界性的体育赛事，这在某种程度上来说是一种遗憾。1863 年 10 月 26 日，足球协会在伦敦成立，标志着现代足球的诞生。英格兰被公认为现代足球的发源地。这一点是不容置疑的。

因此，现代足球的出现不是偶然的，它是过去或古代足球发展的长期延续，因此英格兰足球的诞生经历了长期的磨合，是社会文化发展的必然结果。

19 世纪，随着划船、板球和拳击在英国被公众广泛接受，足球也被引入公立学校，其发展迎来了新的契机。但是，当时足球没有统一的规则，

---

① 么海欣，王丽娜.欧洲足球发展研究——以 2012 年欧洲足球锦标赛为例 [J].安徽体育科技，2016，37(05)：13-16.

这在某种程度阻碍了这项运动的快速发展。每个学校根据自己的特点制定自己的规则，导致各种足球规则的出现。在比赛中采取被认为合法的行动或行为，虽然在一定的区域内得到了推广，但是并没有形成大范围的传播。随着英格兰足球协会的成立，也产生了世界上第一个统一的足球规则，足球的发展变得越来越规范化。与此同时，有别于英式橄榄球的英式足球正式产生。从此，现代足球体系开始逐渐形成，足球产业也开始起步，并不断创造市场价值和社会价值。

（二）足球运动的发展

1868 年，足球从英国传入非洲；1870 年，足球传入澳大利亚。这在一定程度上促进了足球在世界范围内的广泛传播和推广。1893 年，南美洲举行了第一届足球联赛。1894 年，足球进入巴西。目前，足球世界各地的球迷和观众数量惊人，受欢迎程度不亚于任何其他运动，因此足球被称为世界第一大运动。

足球技战术的发展是世界足球发展的直观体现。足球的技术发展提升了足球的观赏性，足球的经济价值和市场价值得到了强有力的推进。1846 年，英国剑桥大学为了适应本国各学校的比赛，制定了《剑桥大学规则》，旨在有秩序地发展足球和游戏。1864 年，伦敦会议后修改的《剑桥大学规则》是现代世界足球史上第一部统一的足球竞赛规则。足球竞赛规则的确立使这项运动进入了良性发展的通道，足球运动开始迅速在全世界范围内传播。为了适应足球运动发展的要求和比赛的需要、规范比赛的组织和实施，相关组织不断修订和完善足球规则，使足球比赛水平不断提高，吸引了越来越多的观众。足球基本技能的发展和完善、优秀足球运动员精湛的技术和多样的战术，使足球成为大众茶余饭后的谈资。总之，比赛的规范化、技战术水平的提高，都使足球在世界上的影响力越来越大。[①]

为了规范国与国之间的足球比赛，1904 年 5 月 21 日由比利时、法国、丹麦、瑞典、荷兰、瑞士和西班牙倡议，成立了世界性的足球组织——

---

① 杨军.足球运动基本技能及其发展探究 [J].文体用品与科技，2021，40(13): 80-81.

国际足球联合会。足球组织的出现促进了足球的进一步发展。

足球发展离不开足球比赛的推动，足球比赛的数量和质量是足球发展水平的重要体现。目前有世界杯、奥运会、世界青年足球锦标赛、世界少年足球锦标赛、世界女子足球锦标赛、世界室内五人制足球锦标赛等。各种各样的比赛形式促进了足球的广泛传播和足球市场的不断发展。足球运动之所以能够流行于世界各国，与这些比赛的举办有很大的关系。同时，比赛创造的经济价值，促进了足球运动的发展。

1928 年，国际足联决定每四年举办一次世界足球锦标赛（后更名为世界杯），并规定每届比赛应与奥运会交替举行。由于良性运作，世界杯成为国际范围内最有影响力的大型活动之一。世界杯还设立了一个特殊的移动奖杯：金女神杯。国际足联将金女神杯授予冠军中的获胜者，并规定三次获得冠军的球队可以永久保留它。这使这项赛事又增加了看点及悬念。值得一提的是，巴西是第一支永久获得奖杯的球队。因此，国际足球制作了一尊新的奖杯——大力神杯。大力神杯是足球世界杯永久的流动奖杯，但没有哪个国家能够独享，只有每届冠军才能保有 4 年。这是非常有意义的一项赛事规则，每个国家以获得这项荣誉作为自身的参赛目的。世界杯从 1930 年开始举办，至今已经举办了 21 届。2018 年第 21 届世界杯在俄罗斯举行，法国夺冠。

高水平足球比赛的频繁举行极大地扩大和提高了足球的世界影响力，促进了世界足球的发展。高水平足球赛事创造的综合价值又反过来促进了足球运动的良性发展，使足球运动得以在全世界范围内广泛传播。[①]现在，世界足球正朝着职业化和全球化的方向发展，而且足球运动在未来仍会继续保持和提高自己在世界体坛的地位。在奥运会举办举步维艰的时候，世界杯到目前为止还没有受到冲击，也体现了足球这项运动的生命力。虽然世界范围内的新冠疫情，在一定程度上阻碍了足球赛事的开展，但是可以预见的是，足球在疫情得到控制以后，一定会重获生机。

---

① 邓伍刚.足球运动的人文内涵 [J].才智，2012, 12(5): 193-194.

二、现代足球运动的几种典型打法

（一）欧洲力量型打法

欧洲力量型打法的典型代表是英国和德国，这两个国家在比赛中有明显的特点，非常注重运动员的身体素质。运动员的身体素质在比赛中是基础性条件，在其他要素均等的情况下，身体素质较强的一方，往往能够在比赛中占据主动地位。英国和德国的队员们个子都很高，技战术都很简洁，战斗也很激烈。他们的进攻和防守速度快，转换节奏也很快。无论是长传、短传、跑动、突破、射门，他们都有出色的表现。他们习惯了"442""532"和"352"的阵型，可以破门而入，很有侵略性。他们擅长速度和力量，令很多国家的运动员心存畏惧。

（二）南美技术型打法

南美技术型打法的典型代表是巴西、阿根廷和乌拉圭。南美球员的身体条件不如欧洲人，但协调性和柔韧性都相当好，他们往往利用自身的这种优势，在比赛中占据主动地位。他们讲究个人技术，步法精巧熟练，控球能力强，传球定位准确，两三人配合流畅，尤其适合阵地战。由于讲究比赛的灵巧性，这种打法往往具有很强的观赏性，很多漂亮的过人和进攻战术，被众多球迷称赞。

（三）欧洲集合型打法

欧洲集合型打法既注重个人技术，又体现了欧洲人的性格。在浪漫主义思想的指导下，他们选择了力量与技巧的结合。这种方法要求运动员必须具有较高的运动素养和综合素质，其的主要特点是比赛注重阵型安排，进攻和防守之间过渡的节奏清晰，并且运用得当，特别是对中场球员要求较高，法国、西班牙是这种打法的典型代表。这种打法逐渐成为欧洲流派的强势追随者，成为国际足球学校的热门课程。

（四）全攻全守型打法

全攻全守型打法是荷兰队创立的，意大利、比利时等国家都把这种打法运用到了球队中。全足球式打法对球员的要求更高，无论是技术还是战术都要体现整体观念。进攻时全线压上，有大的交叉换位，气势逼人。防守时全队退场，增加了球员在防守中的责任，处处设卡，没有漏洞可钻。这种打法往往需要运动员具有充沛的体能，比赛中能够充分调动各个位置队员的主动性和能动性。全攻全守的方法，一旦运用得当，往往使球员在比赛中能够如鱼得水，相对比较容易获得比赛的胜利。在当今强调整体进攻的国际氛围下，它具有一定的合理性。[①]

（五）核战术打法

核战术打法具有很强的创新性和随机性，一旦运用得当，能够在比赛当中获得较大比分的优势。这种打法没有固定阵型，球员一拿到球，4到5名球员组成不同角度的防护网，以护卫的方式组织进攻，将重点放在控球者和控球者身上，力求抢后不容易丢球。然而，这种打法并没有得到广泛的应用。由此可见，足球的进攻战术和防守战术，往往强调整体性和规范性。

三、竞技足球未来的发展趋势

（一）"享受足球"理念的发展

到目前为止，竞技足球已经发展到了非常高的水平，它已经成为展示现代人类文明进步的一个窗口。随着我国基本矛盾的改变，人们对美好生活的向往变成了生活中的追求。因此，竞技足球文化应拓展"享受足球"的发展方向，促进"享受足球"的发展。享受足球就是要把足球当成生活的调味剂，要充分感受这项游戏给人们带来的愉悦感。"享受足球"体现在以下方面：足球选手享受比赛过程；裁判享受引导比赛的过程；观众喜欢游戏本身的内容；等等。因此，我们不应该过多强调比赛的胜败，而应该更多关注比赛的过程。

在竞技足球比赛中，有成功也有失败，但无论成功还是失败，足球运动员都能获得不同的感受。胜负不是最重要的，参与比赛的初衷在于

---

① 路云亭.传控哲学：一种有关进化、狩猎、自然秩序的足球图解程序[J].上海体育学院学报，2021，45(3)：39-48+71.

感受这项运动的魅力。在比赛中，足球选手有自己的生活经历和不同的感受。无论成功与否，足球选手在比赛中都获得了极其宝贵的经验，享受着自己独特的快乐。教练在赛前、赛中和赛后对足球运动员的指导和鼓励也对足球运动员产生了深远的影响，成为足球运动员的一种享受和体验。而教练在指导参赛者的同时，也能享受到竞技足球给自己带来的价值和愉悦的感受。参加足球运动的任何一方都应该基于享受快乐的这一理念。因此，在竞技足球文化发展的过程中，拓展"享受足球"的发展方向，不仅能给足球运动参与者带来极大的价值，还能促进整个足球文明的发展与进步。这是我们享受生活和获得愉悦的前提，也是提升生活幸福感的有效途径。

（二）"人文足球"理念的发展

人的本质是一切社会关系的总和，而足球从本质上讲，也是一种文化，足球的发展离不开它与文化的融合。随着现代社会的发展，"人文足球"的概念出现，这是竞技足球在现代社会发展中的一个非常重要的价值体现。我们应把足球当成文化来对待，在足球发展的过程中不断拓展它的人文价值。

健康、长寿、良好教育和幸福生活是人类社会发展的基本标志。人文足球理念在很大程度上符合现代社会的发展规律，为促进社会主义现代化建设和构建美好社会生活提供了新思路和新方法。在我们构建和谐社会的过程中，可以充分发挥足球的人文价值。因此，在竞技足球的发展过程中，要坚持人文足球和"以人为本"的发展理念，以保证竞技足球文化的科学发展。

竞技足球对大众的影响很大。通过"人文足球"理念的实施，所有人都能认识到参与足球的重要性。参加足球运动以后，人与人之间的距离变得相对较小，在全民玩手机的时代，人与人之间的冷漠感被消除。这就是竞技足球价值的具体体现。此外，在竞技足球中，要加强对选手的人文关怀。在训练过程中，不仅要培养和提高选手的技术能力，还要培养其文化知识，促进其综合素质的发展和提高。由此可见，足球运动不单是在运动场上的两个小时，其文化触角，还会触及社会的方方面面。

总之，无论是对参赛选手还是普通足球锻炼者来说，都应该合理利用足球来强身健体，促进自身的全面发展。因此，我们应该全面而客观地理解"人文足球"的深刻内涵。

在竞技足球文化的发展过程中，坚持"人文足球"理念的发展方向，可以吸引更多的专家学者增加对竞技足球文化的研究，丰富和拓宽中国"人文足球"的研究成果，在吸收国外"人文足球"理念先进研究成果的同时，丰富中国足球文化的理论研究体系。竞技足球文化的理论体系包含众多要素，不仅有足球文化给人们带来的欣赏和体验，还有竞技场上的拼搏精神给予大众精神上的引导。

目前，我国足球后备人才的培养更加注重人性化教育，以人的发展为最终目标，实现人的发展与足球发展的统一。所以，在近年竞技人才的进一步枯竭的大背景下，现在参与竞技体育人群的目标与之前发生了很大变化，他们不再以获得优胜和比赛的奖金作为自身的参赛目的，他们还希望在参与训练和比赛的过程中获得自身的素养和综合素质的提升。我国足球后备人才培养理念的转变表现在以下方面。

首先，把足球作为一种教育工具，使大众可以更广泛地参与其中。足球可以让参与的人群变得更加自信。

其次，在人才培养上，我国引进了先进的培养理念，得到了相应国际足球组织的支持。近年来，我国加大了对外学习和引进高水平人才的力度，足球发展的国际化程度得到提升。

再次，在培养目标上，我国更注重培养球员的社会责任感和终身技能。人类发展的最终目的在于人的全面发展，因此在校园足球的发展中，更加注重学生的快乐学习，培养他们独立思考和解决问题的能力，发展他们的创造力。

最后，培养后备人才的新方式惠及家长和学生，使中国足球产业不断进步。新的训练理念更加注重足球的普及，促进学生兴趣的培养。兴趣是最好的老师，体验感一旦获得，参与者就会终身热爱这项运动，甚至把参与足球运动变成自身的一种生活方式。

第二节　足球运动的竞技特征

一、足球技战术运用的快速准确性

足球比赛中，球员运用技战术的最终目的是自己进球并阻止对方进球。足球比赛的全过程是一场技术、战术、身体、心理、智力的全方位激烈较量。但从本质上说，每一场比赛都是攻防双方对时间（控球速度和无球移动速度）和空间（攻防中把握三条线的纵横距离）的竞争与反竞争、封锁与反封锁、控制与反控制，这些都是从对手身上获取时间和空间利益为出发点的。然而，在比赛的过程中，往往失之毫厘，谬以千里。因此，足球虽然是属于大球类运动，但是足球运动员细腻的动作往往决定了比赛的整体走向。

只有在时间和空间上取得优势，才能为自己的进攻获得保障。但为了赢得时间和空间上的优势，参赛者必须缩短比赛中完成技战术动作的时间，包括起跑、变向、奔跑、接球、控球、运球、传球、进球、拦截、争顶等技战术动作的完成时间。同时，参赛者要对其技战术动作进行精确控制，实现技战术动作一步到位。这就要求运动员在平时的训练中，对自己的技战术精益求精，在动态的过程中控制好身体姿势和传球的力度。

二、足球运动的激烈对抗性

足球比赛的时空观是指全队采用系列有球或无球行动，来争取时空优势。系列活动都是在攻守双方凶狠拼抢对抗中进行的，主要目的是争夺主动权。比赛中攻守双方为争夺时空优势，或获得某一特定的空间，队员相互运用身体技巧运球突破、争顶高球等。足球比赛中的对抗，包含了技术、战术、心理等因素，这些因素在比赛中相互联系、制约。高水平足球比赛攻守转换快速而频繁，在纯比赛时间里，攻守双方要进行300次左右的快速转换。快速进攻意味着更快占据有威胁的空间；而防守快速的含义是更快地控制要害区域进行卡位，压缩对手可以有效进攻的时空条件。

当今，足球比赛的高速度特征是攻守瞬间转换的快速衔接。运动员要生存下去，就必须不断获得比赛的胜利。在足球比赛中，为了很好地控制球权，参与者必须在时间和空间上全方位地控制自己的对手和球场内的特定区域。这就使双方的球员在争夺时间和空间优势时，会产生非常激烈的身体对抗。参与者会通过身体碰撞、贴身按压、运球突破、头球变向等不同形式进行激烈对抗。有时， 0.1 秒的时间优势有可能转化为比赛的胜势。因此，在激烈的比赛中，双方的整体实力是相对均衡的，运动队要获得优势，就必须具备强于对手的因素并把它发挥到极致。据统计，一个优秀的世界级足球队在一场比赛中要完成约 900 个技术动作，而对抗条件下的技术运用达到了 500 次左右，占技术运用总次数的一半以上。竞技比赛的重要特点之一就是动态对抗性。运动员需要在对抗的过程中完成比赛动作的计算。因此，将训练中的技战术动作转化成比赛的竞技能力，还需要长期比赛的积累。

在一场高水平的足球比赛中，参与者的活动距离一般为 10 000 到17 000 米，包括 150 次左右的短跑和快速跑。这需要运动员具备良好的身体素质和稳定的心理状态。

随着技战术水平和运动训练理论的不断发展，现代足球比赛中的防守强度越来越大，进攻空间的创造越来越困难，技战术调整和运用的时间越来越短，空间限制越来越严格，比赛中的对抗程度越来越激烈。这就需要运动员在平时的比赛过程中，注意观察赛场形势和对手情况；在平时的训练中，严格要求自己，不断提高比赛的承受能力。

三、足球技战术的多样性

足球的技战术多种多样，这使参与者能够根据自己的身体条件，选择合适的技战术打法。技战术的发展一直是足球发展的重要组成部分。

足球需要的战术有很多种，而更多的战术来源于技术的进步，这使比赛双方奋勇作战，根据场上的变化不断改变技战术。这也促使足球成为一项技术丰富多彩、战术不可预测、胜负不可预测的非周期性运动，这就是足球的魅力所在。足球技战术的多样性，使足球需要更大的市场价值，随着足球组织和社会资本的不断运作，足球赛事的影响力在世界范围内得以扩大。

四、足球比赛的整体性

足球比赛中往往强调整体进攻。一场足球比赛的胜利，往往不是一个人在起作用，而是各个因素共同发力的综合结果。整体性在现代足球中越来越受到重视，主要表现在以下几个方面。

（一）加强对中场的控制

在现代足球中，有许多强调中场控球权的比赛阵型，如常见的 3-5-2、4-4-2、4-5-1、3-6-1 等，其中安排在中场的球员数量明显增加，并在此基础上采用主动和强迫打法。中场在一场比赛的攻防转换中起到了"喉结"的作用。争取中场时间和空间上的主动和优势，从而掌握攻防节奏，可以达到加快反击和防守的目的。

（二）足球队形的紧密度

在现代足球比赛攻防的高速过渡中，为了控制时间和空间，创造"以多打少"的局面，球员必须保持前、后、左、中、右适当的距离，使战术阵型成为一个紧密的整体，前后保持 15 米左右的距离，左右保持 10 米左右的距离。但在这样狭小的区域，控制空间，充分发挥团队整体实力和个人特色，效果会更好。队员之间距离的合适程度往往影响整体的战斗力。高明的教练会在训练的过程中，要求队员时刻注意场上局势的变化，合理调整队员与队员之间的距离。

（三）足球攻防力量的机动部署

在现代足球比赛中，全足球的战术思想受到许多高水平足球队的青睐。在统一的战术思维指导下，队员们实现了不同位置之间的频繁换位和不间断活动，这体现出了战术的灵活性。这种活动主要有以下特点。

1. 球员之间的责任已经交叉

在全攻全守的战术理念下，每个球员都要积极参与进攻和防守，使球员在球队中的责任越来越重要，实现了复杂多变的战术体系中球员之间的位置交叉。为了适应战术体系的安排，球员也在向多位置、综合方向发展。比赛场上瞬息万变，实力较强的球队中往往每个队员都有较高的综合能力，不但擅长自己位置的攻防，而且善于在变化中灵活地采用各种战术手段。

2. 足球的攻防达到了动态平衡

攻防永远是一对矛盾体，过分强调进攻往往会导致防守的漏洞；过分强调防守，就会导致进攻力量的薄弱。由此可见，攻守平衡才是相对合理的选择。这要求教练员在比赛中能够合理调控进攻和防守的力量，根据场上的情况灵活施策。现在的足球比赛已经走出了数字分配的机械平衡，实现了高度灵活的动态平衡。例如，边后卫进攻时可以充当边中卫，前卫进攻时可以成为前锋，前锋可以后撤成为前卫，前卫可以后撤成为后卫。通过这样的动态平衡，实现了选手之间的有机结合，也实现了对比赛空间的有效控制。因此，在比赛过程中，唯一不变的就是变，教练员和运动员都必须保持清醒的头脑，灵活地应对比赛中的各个因素，只有这样才能够在变幻莫测的比赛中获得最后的胜利。

3. 球员的职能发生了动态的调整

赛场上的分工是相对的，当场上情况发生变化时，各个位置球员的职能会发生动态的调整。在当今的足球比赛中，一两名前锋球员很难穿过对方严密的防守而创造进攻的机会。因此，只有不断地向前移动和拉动球员或前卫球员，才能创造出一个有效的进攻空间，然后前卫或后卫迅速插入空间完成进攻，这也是当今足球比赛中使用的主要进攻模式。由此可见，各个球员需要充分利用自身的位置和特长，想方设法创造射门的机会，只有这样才有可能打破平衡。通过这种机动和隐蔽的进攻战术，可以有效地创造和利用进攻空间。如今，在足球比赛中，前卫、后卫甚至中后卫进球已经变得非常普遍，成为一种强大的进攻武器。

第三节 足球运动的价值

一、生理价值

（一）对骨骼的影响

人体的骨骼支撑着人的所有器官，相当于建筑物的"钢筋"。骨骼是人体中最坚实、最致密的组织之一。骨表面有一层薄薄的结缔组织，就是骨膜。骨膜下是一层结构致密的骨质。骨中有造血细胞和丰富的血管、神经，具有修复骨的能力。在骨的内层和长骨的两端，有松质骨，呈海绵状，由骨小梁纵横交错向受力方向排列，以保持骨的坚固。足球运动不仅能促进参与者的血液循环，增强新陈代谢，还能有效促进骨骼结构和功能的变化，使骨骼致密并增厚。由于肌肉的强力拉动和外力刺激，骨小梁的排列更加规则，增强了骨骼的坚固性。这些变化都有利于骨骼承受更大的外力作用，提高了骨的抗扭、抗变、抗断和抗压能力。在训练和比赛中，足球队员经常会和其他队员产生冲撞，有时还会摔倒，这些都会锻炼参与者的骨骼。

经常参加足球运动不仅可以使骨骼变粗、变坚固而有韧性，还可以促进骨骼生长。一个人的身高是由骨骼发育决定的。经常踢足球的青少年比不喜欢运动的同龄人高。这是因为骨头两端都有骺软骨。在新陈代谢的作用下，这个骺软骨不断骨化，变成硬骨，同时新的软骨不断增生，促进了骨骼的生长。这个变化过程在童年和青春期非常明显，骨骼一般会骨化到 22 岁左右，然后才会停止生长。这些运动者比一般人停止发育的时间要延后一到两年。

（二）对肌肉的影响

骨骼肌通过收缩拉动关节周围的骨骼，产生人体的各种形式的运动，所以骨骼肌是实现人体运动的动力。研究证明，经常参加足球运动可以使骨骼肌的形状、结构和功能发生变化。具体体现在以下几个方面。

1. 可增加肌肉量

肌肉是由肌纤维（也称肌细胞）组成的，肌细胞是肌肉活动的基本单位。实验表明，足球运动可以加厚肌肉纤维，增加肌肉体积。此外，耐力训练可以将快肌纤维慢肌化，增加肌肉的体积。

2. 可增强肌肉结缔组织

在足球运动中，肌肉收缩和牵拉可以促进肌腱和韧带中的细胞增殖，还可以增厚外膜、端膜和内膜，使肌肉变得牢固，从而增强了韧性和弹性。

3. 可影响肌纤维类型

足球是集速度、力量、爆发力、耐力、敏捷性和灵活性于一体的运动项目。足球中对抗动作的力量可促进肌纤维的发育，明显增加快肌纤维的厚度。足球的耐力训练可提升肌纤维中线粒体的数量和质量。

4. 可提升神经协调性

球员往往需要快速起步、急停、射门、过人、变向等。这些技术动作需要核心肌肉群的力量来改变身体的位置、方向和速度，使原有运动肌、拮抗肌一起交替收缩，互相配合，协调一致，保证工作的完成，从而提高协调性，充分发挥效率和功能。

5. 可增强肌耐力

经常参加足球运动，首先会增加肌肉中的糖原，从而增加能量储备；其次，会增加肌红蛋白的含量，延缓运动疲劳的产生；最后，增加肌肉线粒体的数量和体积，增强肌肉有氧氧化的能力。研究发现，足球运动员比赛中，肌肉纤维中毛细血管的开放数量是安静时的 20 到 30 倍。

（三）对心血管系统机能的影响

1. 对心脏泵血功能的影响

（1）足球运动能使心肌收缩力增强。足球比赛是长时间、高强度的运动。在足球比赛中，心排血量需要保持较高水平。训练可以增强心肌代谢，提高收缩蛋白含量，提高心肌细胞和毛细血管功能。研究表明，足球运动可以增强毛细血管的分布。这些心脏功能的调整，将有利于心肌的能量来源。

（2）足球运动能使心腔容量扩大。运动时的肌肉活动需要消耗大量氧气，同时会产生较多的二氧化碳。足球运动需要加快血液循环，因此经常参加足球运动会使心肌增厚，心室容积增大，包括左心室、右心室和左心房，能够促进每搏输出量的提升。

（3）有助于静脉血回流量的增加。运动的肌肉和关节的感觉神经会导入冲动，使大脑皮层处于兴奋状态。迷走神经张力降低，交感神经张力增加，肾上腺髓质分泌肾上腺素和去甲肾上腺素，运动者的心跳加快，腹腔血管扩张，通过血液再分布促进血液循环。此外，由于肌肉血管的松弛和外周阻力的降低，呼吸会加剧，胸膜压力会增加。这些因素有利于静脉血回流，也有利于每搏心输出量的增加。

2. 足球运动对血液循环系统功能的影响

（1）足球可以加厚血管壁。经常参加足球运动的参与者，动脉壁内膜增厚，平滑肌和弹性纤维功能增强。通常大动脉弹性纤维的生长占优势，动脉平滑肌细胞的生长占优势。血管壁变得更加有弹性，有利于参与者提高自身的身体系统功能。

（2）有利于提升毛细血管数量和质量。研究发现，足球运动可增加骨骼肌中毛细血管的丰富程度，有利于心脏向身体各个器官供血；能增加心脏周围毛细血管的质量和数量，增加心室心肌中毛细血管密度，增厚冠状动脉，有利于心肌供血。

（3）足球有利于提高血氧饱和度。血氧饱和度是指血液中血红蛋白（Hb）与氧气结合的程度。血液中的 Hb 能结合氧，离解氧，是人体必需的氧载体。血氧饱和度是反映血液输送氧气能力的重要指标。除了红细胞中的 Hb 可以携氧外，肌肉中的肌红蛋白也是一种铁蛋白，其性质与 Hb 相似。经常参加足球运动可以增加血氧饱和度、肌红蛋白和体内含氧量。

3. 对微循环系统功能的影响

微循环系统能够促进血流通畅。通常骨骼肌微循环迂回通路中只有 20% ～ 30% 的毛细血管处于发育中，其舒张和收缩功能主要与局部代谢产物的积累有关。参加足球运动时，肌肉中的代谢产物会增加，这将促进毛细血管的开放，帮助肌肉获得更多的氧气。在直接通路中，后小动脉与后小静脉吻合较多，血流速度加快。

（四）对呼吸系统机能的影响

1. 有利于增加肺活量

成年男性肺活量在 3 500 毫升左右，女性在 2 500 毫升左右。经常参加足球运动，会使呼吸肌得到锻炼，胸围加大，呼吸深度加大，肺泡弹性增强，肺活量增大。研究表明，足球运动员的肺活量大于普通人，经常参与此项运动的人可达 7 000 毫升左右。

2. 增加肺泡通气量

安静时，一般人每分钟呼吸 12~16 次，每次呼吸吸入的空气约 500 毫升，每分钟肺通气量 6~8 升；剧烈运动时，每分钟呼吸 40~50 次，吸入空气可达 2 000 毫升以上，是安静时的 4~5 倍，肺通气量达每分钟 70~120 升。在相同肺通气量的情况下，足球运动员的呼吸频率低，因为其在运动时肺泡通气量和气体交换频率增加，即肺通气效率较高。

3. 可以增强最大吸氧量

氧气由人体通过呼吸摄入，然后通过心血管输送到组织。研究表明，经常参加足球运动可提高心脏的泵血、血液输送氧气的能力和组织器官（主要是肌肉）利用氧气的能力。当各个器官利用氧的能力增加时，肌肉就有更多的能量参与运动，运动者的整体表现就能够得到增强。

二、心理价值

（一）减轻焦虑

焦虑是对没有发生的情况的一种负面的假设，它是对有可能对自身的威胁产生的一种担忧倾向。焦虑是消极的，由当前或未来的威胁引起的。这种消极的情绪状态持续时间长了，会给人带来很大的痛苦。如果发展到比较严重的程度，有可能使人产生抑郁情绪，最终导致不良的后果。足球运动可以转移注意力，促进身体多巴胺的分泌，有效缓解焦虑，甚至解除焦虑。

1. 有助于缓解糟糕的情绪

人的中枢神经系统存在一种"显性兴奋焦点",即当某一中枢受到刺激时,相应区域就会形成兴奋焦点。当兴奋中心的兴奋水平强于周围时,它不仅可以"吸引"扩散出来的兴奋点,增加兴奋水平,且可抑制邻近中心。比如,当我们全神贯注地思考某个问题时,"视而不见,听而不闻"的现象就会发生。目前,很大一部分人群会由于工作和生活的压力而情绪低落、情绪失控。当其他心理咨询措施无效时,体育锻炼可以有效缓解焦虑症状。因为体育锻炼在运动中心形成了一个很强的"显性兴奋焦点",其兴奋水平明显高于其他任何一个兴奋中心。这种兴奋点的强度显然高于其他任何兴奋点的强度值。因此,当参与者参加足球运动时,他们往往会从焦虑的情绪中解脱出来,获得身心的愉悦,从而提高他们的幸福感、获得感。参加足球运动不仅有助于运动员释放负面心理能量,形成"优势兴奋灶",还可以通过足球运动所特有的交流形式增进感情。[1]

2. 调节紧张的人际关系

在全民玩手机的时代,通信手段变得更加高效和快捷,但人与人之间交往的密切程度在下降。复杂的人类社会是一个人际关系的网络系统,人际交往是将个人和群体连接成社会网络不可或缺的手段和方法。正常的人际交往可以得到别人的支持和帮助,可以减轻失望的痛苦和悲伤。

由于足球是集体运动,它具有明显的团队合作特征,这使参与者必须以各种形式(包括语言、手势和表情等)进行交流。在这种集体的交流过程中,参与者的察言观色和换位思考的能力得到增强,这对参与者情商的提升有巨大的帮助。全队训练和比赛为参与足球和队友之间的自然接触和自然交流提供了机会。通过进一步的交流,不仅可以增进人与人的理解,产生相互信任和鼓励,调节其情绪,振奋其精神,增加其幸福感,这种积极的情绪状态还可以让人自信,缓解甚至消除担心、焦虑、

---

[1] 郭庆,元文学.立德树人背景下校园足球的道德内化价值及实现路径[J].沈阳体育学院学报,2021,40(2):52-58.

抑郁、自卑等情绪。因此，经常参加足球运动有利于人们开放思想、改善人际关系。[①]

（二）有助于塑造健全人格

人格是指包括能力、气质、性格和理想、信念、动机、兴趣和人生观在内的各种精神品质。人格作为人的整体精神面貌能够完整、和谐地表现出来。

1. 改善人格的心理特征

所谓人格心理特征，是指十分稳定地表现在个体身上的心理特征要素，涵盖能力、气质和性格三个方面。[②]足球从宏观上看是群体之间的竞争，从微观上是群体中个体之间的身体冲突和技能智力的直接对抗。从宏观上要充分发挥团队的优势，从微观上看需要充分发挥每个运动员的技术优势。足球运动中的每一个环节都需要个人在充分发挥自身特点和水平的基础上形成整体实力，或者说群体的默契配合取决于个人技能和智力的充分发挥。这里就涉及了个人与个人之间的优化组合问题，实力较强的球队往往能够整合每个运动员的优势，实力较差的球队即使拿到一手好牌也能打得稀烂。足球是复杂多变的，每时每刻都需要个人做出正确的观察和判断，独立果断地选择个人战术动作。这些特点说明困难中需要勇气，正常情况下需要创新。只有个人能力强、身心健全、个性鲜明、性格独立的人才敢于冒险创新，才有可能在复杂困难的条件下与强大的对手坚持顽强对抗，最终赢得比赛。因此，足球有利于个体心理特征的自由发展。经常参加足球运动的人，往往具有果敢、思维敏捷等心理特征。

2. 有助于提高抗挫折的能力

一般来说，足球比赛中每次进攻的成功率都不高。防守也是一样，总是面对成功和失败，往往失败多于成功。在现实生活中，很多人一旦

---

① 张春合,李楚穗,孙晗.校园足球开展的理论逻辑及时代价值[J].体育成人教育学刊,2020, 36(6): 58-61.

② 郭耿阳.中学校园足球KDL课程的育人功能与实施路径[J].生活教育，2021，88(04): 117-120.

遭遇了失败，就会变得畏首畏尾，甚至从此处于低迷状态，而总是参加运动的人，会懂得胜败乃兵家常事。足球运动员往往需要经历"进攻—失败—屡败—主动拼搏—屡攻—屡败屡战"，每天都面临着来自体能、技术、战术、心理等方面的挑战。这方方面面的抗挫能力的教育会让运动员的心理更有韧性，遇到任何事情总会想到"办法总比困难多"，总会努力寻找解决问题的途径，而不是选择退让和躲避。正是在这种反复挫折和失败的情景教育中，不断地训练自己，总结经验，不断进步。通过反复的小挫折到中等挫折，再到大挫折，不断提高自己对抗失败的心理承受能力。这样的抗挫教育是任何其他事物都无法代替的。在我国大、中、小学的教育中，没有任何课程是专门有意识地针对学生的挫折情境进行教育，因此独生子女在遇到挫折时往往会被困难淹没，最后甚至选择了极端方式或其他不良途径逃避。然而，通过足球，人们可以锻炼必胜意志、优雅输球、勇敢而顽强地战胜对手。它可以培养人的主动性、果敢性、控制性、持久性和创造性，这是现代人人格精神的重要元素，也是在激烈的社会竞争中必须具备的基本素质。此时，足球运动对人心智提升的独特价值得以彰显。

三、社会价值

人是一切社会关系的总和，人的价值的实现都要与社会发生关联。足球运动价值的实现，也必须要对准社会的需求。社会价值是宏观概念，具体而言，可从政治价值、经济价值、文化价值等角度展开探讨。

（一）政治价值

在人类社会中，政治是社会的重要构成要素之一，也是人类社会控制和调节人际关系和各种生产活动最基本的制度。足球作为一项运动，在其产生和不断演变的历史过程中，必然与国家政治相关联。足球与政治的联系相对比较复杂，足球应不应该与政治相关联也是饱受争议的话题。一部分人认为，足球运动应该保持纯粹，不应该与政治有任何的联系；另一部分人则认为，足球不能脱离社会而独立存在，足球运动必然与政治发展有着千丝万缕的联系。足球运动的发展必须符合国家繁荣稳定的发展需求。同时，由于足球比赛参与者和球迷众多的明显特点，它对整个社会的发展有着非常广泛的影响，所以它与政治的联系比其他的体育运动更紧密。足球运动由于参与人员非常广泛，社会的影响力非常大，它的社会价值也就体现得非常明显。不管足球运动是否应该具有政治价值，其与政治的千丝万缕的联系是不容置疑的。

1. 鼓舞民族情感的价值

足球比赛，特别是国际性足球比赛，参与主体是一个国家。参与观看比赛的人群往往都希望自己的国家获得比赛的胜利，这与观众的民族自尊心和自豪感密不可分。观众往往具有代入感，在场下观看比赛的观众，一旦融入比赛，就会感觉自己在场上奔跑。显然，足球比赛在激发和增强爱国热情、民族精神、民族自豪感和凝聚力方面发挥着重要作用，可以在情感和心理上迅速构建起与同一群体密不可分的民族文化联系。在足球比赛中，足球运动员代表各自的国家或地区，足球比赛的结果与他们所代表的国家和地区的荣誉密切相关。现场升国旗、奏国歌，能表达人民的民族感情，起到展示民族风格的作用。足球比赛的胜利会使人们感到欢欣鼓舞，精神得到振奋，民族自尊心得到满足，自信心也会相应增强，爱国主义精神也会变得更加深刻。此外，同一个民族的个体之间的距离也会变得越来越小。[①]

2. 弘扬国家荣威的价值

在国际范围内，竞技体育的发展往往体现了国家经济、政治和文化的发展水平。每个国家在竞技体育上的巨大投入，主要就是为了展示国家的威信，发展对外交流。在和平时期，国际足球比赛是各国相互竞争的重要舞台，也是反映国家政治、经济和文化水平的窗口。因为这样的比赛都是以国家为参赛单位进行的，比赛的结果代表的是国家的荣誉和尊严。重大国际足球赛事带来的价值已经远远超出了赛场，现在已经发展成为全世界人民深切关注的社会文化活动。因此，在一些有国际影响力

---

① 王涛.浙江省小学校园足球价值认同的研究 [J].浙江体育科学，2018, 40(03): 66-70.

的赛事中,各个国家的政府都不惜一切人力、物力、财力来获得比赛的优胜。

1958 年,巴西足球队夺瑞典世界杯冠军时,巴西人民非常强烈地感到自己走在了世界的前列,生活方式与欧洲国家相当甚至更好。由此可见,这对提升整个国家的民族自尊心和自豪感有非常重要的意义,同时有利于整个国家的政治稳定和社会和谐。他们也认为,在国际关系中,巴西成为平等的一员,甚至是重要的一员,得到承认和对待是很自然的事情。喀麦隆、尼日利亚和塞内加尔等非洲国家也对他们在世界杯上的成就表达了类似的感受。足球比赛的胜利可以促进一个国家的威望不断提高,同时可以增强民族自尊心。同样,国家队在国际足球比赛中的失败也可能导致他们在全球舞台上失去应有的地位,如英国是现代足球的起源地,一些英格兰人往往会因为足球的失败而感到在国际事务中本国的整体失败。由此可见,足球比赛的优势已经超越了比赛本身,其代表的是荣誉和尊严。[①]

3. 有利于种族歧视的消除与抑制

种族歧视不利于社会的发展,很多种族歧视最后都会导致流血事件的发生。各个国家的政府都力图消除种族歧视,但种族歧视是在社会中客观存在的,它的存在,有时候也不是以统治者的意志为转移的。种族歧视这种卑劣的人类情感在足球运动中也存在。在巴西,第一个足球俱乐部是由贵族组织的,黑人和混血球员参加足球运动并获得了巨大的财富。经济上的成功显著提高了黑人和混血球员的社会地位,唤醒了这一群体在种族和政治意识上的知觉,不同种族之间的无形屏障逐渐被屏障。足球场上的种族歧视对人们的心灵产生了强烈的冲击,使许多国家的政府和人民充分认识到问题的严重性,纷纷采取措施。可以说足球运动在很大程度上引起了人们对种族歧视问题的关注。足球运动是基于公平、公正、公开的基本理念而进行的游戏,在比赛场上,所有人关注的是比赛的得分,而不是运动员的种族和肤色。从这一意义上讲,足球运动有利于化解种族隔阂。足球是友谊使者,能化干戈为玉帛,更能扩大国家、

---

① 王登峰.通过校园足球实现学校体育的价值与功能 [J].校园足球,2016,22(4): 10-11.

民族、地区、人与人之间的交往，增进彼此之间的友谊。

（二）经济价值

1. 巨大的足球市场创造了巨额的财富

足球是世界上影响最大的竞技运动项目，因此具有较高的商业运作价值。在现今市场经济中，可利用足球运动的影响力大力发展体育产业、带动我国经济的腾飞。国际足联在充分发挥足球运动的商业价值上起了重要作用，通过系列商业运作积累了大量资金，通过足球彩票、门票、运动员转会费、广告费、电视转播费等获得经济利益，为推广足球运动提供了强有力的经济支撑。此外，足球产业还可带动运动器材、服装、纪念品等行业的发展，提供就业机会，促进国民经济发展，为社会创造精神财富。

2. 足球的广泛影响力使其具有巨大的商业价值

足球比赛是很好的娱乐形式，也是进行精神文明建设的优良路径。因此，各种宣传媒体对足球的报道日益增加，特别在重大赛事前后，赛事报道更是铺天盖地，占据着各大媒体的重要版面，引起了广大球迷关注。观看精彩的足球比赛也是一种享受。茶余饭后，谈论足球的成败得失，已成为很多爱好者生活中不可或缺的精神食粮。足球，号称世界第一大运动，影响广泛，这是毋庸置疑的。从欧洲到亚洲，从儿童到老人，哪里有足球，哪里就有欢呼的人群。正是因为这种广泛的关注，商家才对足球感兴趣，经济学上称之为"注意力经济"。强大的商业集团纷纷涌入足球市场，购买俱乐部、命名比赛、树立形象、宣传产品、壮大品牌、增强内涵。

3. 足球赛已成"产品"，创造了巨大的经济效益

足球运动能够成为一种商品，主要得益于它的本质属性。足球属于同场对抗性项群的项目，这类项目对抗程度相对较高，比赛比较激烈，拥有足够的看点。有了看点以后，才会有更多的观众愿意欣赏，才会有更多的赞助商愿意投资。足球靠的是自身对人的吸引力，只有组织比赛才能获得可观的收益。以最知名的世界杯为例，其收入主要靠门票、赞

助和媒体收益。相关研究资料显示，在世界杯足球赛中，单是门票收入就非常可观。对于国际足联来说，世界足球比赛的门票收入是其主要收入之一。对于一些精彩程度相对较高的比赛，门票价格相对比较昂贵，而且一场比赛能够容纳数万观众。另外，赞助的收益也是相当可观的。目前，发起人主要有两种形式，一种是合伙人。这种最高级别的赞助关系，也被称为"正式合作伙伴"，类似于国际奥委会的 TOP 计划。这一级别的赞助商通常是一些世界知名的大型跨国公司，他们支付的赞助费最多，获得的权利最多。赞助商通过大型的赛事进一步提升了自己的知名度和影响力，大型赛事通过顶级品牌的冠名，也提升了自己的档次，这就是一种双赢的模式。另一种是推广伙伴，也叫"官方供应商"，意思是东道国组委会可以行使权利单独签约，所得收入也属于东道国组委会。这一级别的赞助商可以在主办国的比赛中使用称号，也可以使用公示牌进行相应的商业活动。媒体效益也借助庞大的受众群带来巨大的经济效益。

（三）文化价值

1. 足球比赛传播着各国体育文化

足球比赛所到之处都会融入地方的文化符号，融入符号以后的体育文化变得更加具有地域色彩。体育文化是竞技运动的地域性、符号性、社会性身体表征现象。对于某区域的人来说，某特定符号的意义很容易解释，而在其他地方，可能需要翻译这个符号，才能对其深层内涵有全面而透彻的理解。

每个行为细节、每个动作符号信息的传递都彰显着体育文化。文化的真正内涵在于"物的人化"，它的内在属性与人的特点密切相关，因此足球文化往往与人的行为习惯和动作模式有着紧密的联系。足球比赛作为一种运动语言，是世界上一种普遍的文化现象，并在世界各地得到了良好推广和实施。比赛细节，如选手的表情、动作、技战术、比赛规则、比赛氛围和比赛环境等，其内涵大都可在世界范围内通用，从而实现世界范围的文化共享和文化传递。

意大利作为西方足球的主要发源地，与足球有着千丝万缕的联系。

形状像"球"的西西里岛和撒丁岛被射进地中海后，成为古罗马帝国的核心和文艺复兴的主要发源地。意大利的足球文化，成为整个国家的文化特征和抹不去的文化记忆。

提到西班牙，往往会想到西班牙的斗牛和足球。西班牙足球受其习俗和文化的影响，也能反映出足球场上斗牛的激情和疯狂。皇马足球队的优雅，巴萨足球队的激情与整个国家的斗牛文化，有着异曲同工之妙。在世界足球大融合的背景下，文化在世界范围内进行了广泛的交互，美式足球和欧式足球发生了文化特质的碰撞，各种文化之间相互取长补短，在国际范围内促进了文化多样性的形成。

2. 足球比赛展示着民族个性文化

文化可以代表民族的优良传统，是民族个性的重要体现，也是民族历史发展的产物。文化主要包含物质文化、精神文化、制度文化。文化在某种程度上具有共性，但文化的真正魅力在于这个民族文化的特征。各个民族文化的特征，使世界文化变得丰富多彩。

不同的民族有不同的传统。对于足球比赛来说，人们往往习惯于通过自身的文化人格来了解足球。当然，这也体现出各个民族的思维模式和行为习惯，各个民族也会按照自己可以理解的方式来理解足球。因此，我们在大型赛事中往往可以看到运动员身上的民族特征。

在我国宋代就有蹴鞠，其目的是为人们业余生活添加乐趣，具有娱乐及休闲属性，这也映衬出体育运动特质。除促进健康以外，人们在闲暇时爱好足球，显然是因为足球能够带给人们良好的情绪体验。国家为了加快旅游休闲行业发展，正大力发展足球赛事和足球人才梯队的培养。足球运动本身是带有休闲性质的游戏，有着良好的休闲文化价值。普通人参加足球运动也是以休闲、娱乐为主，并非带有功利性目的。

在国家大力提倡民众进行旅游休闲的社会大背景下，足球运动的休闲价值得以显现，足球爱好者投身足球中，彰显出足球的时代魅力。很多大学生参与足球并无过多功利性因素，在参与中享受游戏本身的快乐是基本动力，和一群爱好者一起拼抢、配合、享受纯粹的运动带来的乐趣，这是足球的真正魅力所在，也是足球娱乐价值的体现。在各种体育活动中，足球是很好的运动形式。就拿青少年来说，只要适度调整比赛的正式规则，不以竞赛胜负为基本目标，青少年就可从足球训练和比赛中获得实实在在的素养提升，就会乐此不疲，提高终身锻炼的意识。也只有充分重视其娱乐价值才能更好地调动各社会团体积极参与这项运动。

在当今的世界足球运动中，人们不仅关注球队技战术，也关注球队个性文化。德国在历届世界杯上都表现得很出色，由于受民族文化的影响，他们的运动员逐渐形成了三大运动风格，即具有抗挫能力的心理、高度的责任感、强烈奋进的姿态。在这种风格的驱动下，他们赢得了许多次足球比赛的胜利，在世界足球舞台上，留下了他们独特的足球印记。提到足球，特别是德国足球，人们脑海中往往浮现的就是他们强悍的球风和独特的足球风格。

第17届足球世界杯，韩国取得了意想不到的成功，很多球迷也感叹韩国球队的成就，体现了"汉江奇迹"。通过对他们获得胜利的历程进行反推，就可以发现韩国球队取得胜利的原因。在比赛中，只要有一线生机，他们就付诸自己全部的热情和精力。亚洲球员本身个子不高，身体素质并不占优势，他们要想在比赛中取得优势，就必须付出更多的努力。巴西足球能够获得成功，主要归因于他们强大的群众基础。巴西足球的受众非常广泛，在田间地头、社区、学校等场合都能够看到大量踢球的小孩和老百姓。巴西足球的成功来自圣保罗的街头足球和里约热内卢的沙滩足球比赛，离不开街头、沙滩和桑巴的文化。正是这些元素共同造就了巴西足球的独特风格，也成就了巴西人五夺世界杯的荣耀。

不同的民族文化有不同的民族行为，本质上可以反映文化差异。足球比赛为人的个性发展和张扬提供了表现的平台。人们可以根据自己的实际情况进行选择，或者追求自身精神追求的不断超越，或者表现出自身的特立独行，或者表现出自身对生活的独特追求，或者表现出对民族和人民的无限热爱。

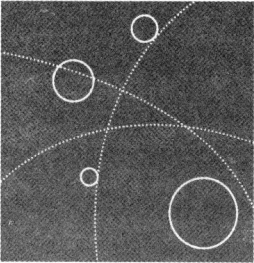

第三章

//

篮球运动及其价值

第一节　篮球运动概述

一、篮球运动的起源与发展

（一）篮球运动的起源

很多体育运动都起源于游戏，游戏只是人们的娱乐方式。刚开始，人们只是突发奇想，以非常简单的方式来和对方进行对抗，但即使再简单的游戏都有其基本构成要素。任何游戏都必须要有游戏规则，游戏规则是确定的，而且对双方来说是平等的，确定好游戏规则后就要不折不扣地执行。篮球是集体运动，球被投进对方篮筐代表进攻获得胜利，输赢由最后投进篮筐的次数（分数）决定。它是以各种特殊技能为手段，以主动控制空间、主动控制球为重点，以主动掌握时间和速度为保证，在地面和空间上进行的立体对抗。其对抗的最终目的是为自身创造投篮的机会，从而为比赛的优胜奠定坚实的基础。[①]

篮球起源于美国。1891 年 12 月初，在美国马萨诸塞州斯普林菲尔德市基督教青年会训练学校（今春田学院）当体育老师的詹姆斯·奈史密斯，看到当地的孩子在玩摘桃子放进筐里的游戏。他们在一块场地的两端设置了两个竹桃架，发起了把桃子放进筐里的比赛。受此启发，他发明了投篮游戏，这是篮球的雏形。由此可见，很多游戏都是由偶然性的创意产生的。后来史密斯把室外篮球赛搬到了房间。詹姆斯·奈史密斯没有把其他物体扔进篮筐，而是展开了一场攻防对抗。加入攻防对抗以后，比赛的复杂性就进一步增强，要获得比赛的优胜，就需要考虑更多的要素。最开始篮筐的底部是封闭的，抛出的球是不会掉的，球满了就拿出来，很不方便。后来游戏的创立者把筐架底部拆下来，把篮子装

---

① 张江威.篮球场地的变迁对篮球技术的影响[D].成都：成都体育学院，2012.

在柱子上。此时的场地设备已经开始和现在的篮球比赛接近了。为了避免把球扔出场外，在篮筐后面设置了网，有的还用网装置覆盖了场地四周。当篮球跑出场地以后，参与者能够更快地把篮球找到，增强了游戏的便捷性，使比赛更具合理性。游戏的硬件和软件开始接近现代比赛的要求，整个篮球游戏系统逐步建立起来。①

由于这项活动更具趣味性和健身性，具有较好的娱乐功能，它在游戏的基础上迅速丰富了活动内容，制定了限制性规则，并不断改革竞赛模式，很多正规的篮球组织开始创立，各种软件和硬件系统逐步建立，形成了现代篮球。

（二）篮球运动的发展

1. 初创探索时期

1891 年底，篮球诞生了。为了使篮球比赛具有合理性，从 1892 年到 1893 年，詹姆斯·奈史密斯先生对三个区域的运动场和运动场的场地规格进行了规定，并制定了 13 条规则，主要规则是不准带球跑动，不准粗暴动作，不能做出一些不道德的行为。此外，还做了以下规定：连续 3 次犯规，对方得 1 分；比赛时间为前半段和后半段各 15 分钟，上场球员逐渐减少到每队 10 人、9 人、7 人。1893 年开始正式规定男子篮球比赛中，双方上场人员各为 5 人。游戏程序逐步简化，特别是消除了篮筐底部，当运动员进球以后球会自己从篮筐掉下来，这样就大大加快了比赛节奏，而且又非常省力。后来举办方用铁筐代替不同材质的筐，用成型的木质背板代替铁丝栅栏，比赛的场地设备得到了优化。直到 1915 年，美国国内才统一了必须执行的比赛规则，比赛规则开始趋于正规化和系统化。此时攻守技术较简单，普遍是双手做几个传、投动作，比赛中主要是以单兵作战为攻守形式，战术配合还在朦胧时期。这时的技战术还没有形成体系，技战术的水平都不太高，还没有形成专门的技战术研究团队。②

---

① 舒刚民.篮球运动起源与本质的再研究 [J].成都体育学院学报，2011，37(5): 66-70.
② 陈钧，吴传生.街头篮球的起源及在中国流行的社会文化背景 [J].体育文化导刊，2006，24(6): 52-54.

2. 完善普及时期

比赛要有观赏性，就必须有系统的技战术体系，场上必须要有明确的分工，各自的职责必须要有清晰的规划。经过 20 多年的逐渐完善，1925 年前后，进攻和防守的 5 名运动员有了较明确的分工，中锋对中锋，后卫对前锋，各自盯住自己的对手。此时的技战术体系开始初步形成，比赛的过程也变得更加复杂，任何一方要取得比赛的胜利，就必须经过系统备战。但前锋的职责是进攻和投篮，不考虑后撤；后卫的职责是防守，不管投篮。前锋和后卫很少跑遍全场，只有中锋要兼顾进攻和防守。这时的进攻体系还没有进一步优化，各个位置的运动员的功能没有得到整合。后来逐渐改成两个后卫，一个辅助（主动后卫），一个留在后场（固定后卫）。两个前锋也换成了一个留在前场负责偷袭和快攻，一个退到后场帮忙防守。此时的进攻体系和防守体系开始逐步构建，技术动作也有所发展，跑位单手投篮，站位双手胸前投篮，传球单手双手传球，交替闪避防守和超越防守推进双手运球技术。罚球区和罚球线都加到了规则里，犯规 4 次的球员将会被罚下。比赛时间分为上半场 20 分钟，下半场 20 分钟，中间休息 10 分钟。此时的运动水平还不是特别高，上、下半场的时间不长。为了适应和促进篮球运动在世界范围内的普及和提高，1932 年 6 月 8 日，葡萄牙、罗马尼亚、瑞士、意大利、希腊、拉脱维亚、捷克斯洛伐克、阿根廷八国代表经过讨论，成立了国际业余篮球联合会（今国际篮球联合会）。篮球组织的建立为后来篮球运动在世界范围内的普及和传播奠定了坚实的基础。[①]

国际业余篮球联合会在美国大学篮球竞赛规则的基础上，初步制定了 13 项竞赛规则，明确了运动员的数量和时间，进一步划分了竞赛场馆的不同区域，篮球场地和器材进一步规范。此时的篮球规则体系开始建立，对进攻和防守的各个细节进行了具体规定，规则体系更加具有逻辑性和完整性，同时攻防技术动作增多，基本战术配合开始出现，掀起篮

---

① 罗林,刘春来.篮球运动起源的辩证唯物观[J].首都体育学院学报，2003,44(2): 45-46.

球发展的第一个高潮。在 1936 年的第 11 届奥运会上，篮球被列为男子竞赛的正式体育项目。这对后来篮球运动的发展具有里程碑式的意义。国际篮联制定了规则，并实施了第二个国际篮球比赛规则。进入 20 世纪 40 年代后，随着篮球技战术的不断发展和很多新情况的出现，如许多高个子球员开始出现，比赛变得越来越激烈、很多不道德的篮球犯规开始出现。此时，国际篮联开始制定针对新情况的篮球规则，原有的篮球规则得到了补充。

3. 逐步成熟时期

随着篮球运动的逐步发展，其影响力越来越大，比赛也变得越来越正规。越来越多的国家希望在国际大赛中获得荣誉。此时要想篮球运动健康、良性发展，篮球规则就必须根据实时情况的变化，进行动态调整。1952 年第 15 届奥运会，有很多身高在 2 米以上的选手，他们在争夺高空优势、控制比赛主动权方面起到了决定性的作用。此时，如果高个子球员站在篮筐底下，比赛就会变得没有悬念，技战术体系就会进一步弱化，个子低的篮球运动员就没有办法得分。为了防止高个子球员仅靠身高而不是技术控制局面，国际篮球联合会修改了篮球比赛规则，将禁区从 1.80 米改为 3 米，并增加 3 秒和干扰球。此外，规定一个球队必须在控球后 30 秒内投篮。所有这些比赛规则的制定都是为了让比赛变得更加有悬念，更加具有观赏性，让身高相对较低的运动员有获胜的机会，让在训练中拼尽全力的运动员能够有在场上发挥自身水平的机会。1960 年第 17 届奥运会后，中场线取消，10 秒和球回后场的规定中止。1964 年第 18 届奥运会后，中场线恢复，这些规定继续执行。所有这些规则的制定都是根据当时的现实情况而做出的调整。特别是 20 世纪 50 年代后期，规则的变化对篮球比赛的攻防速度、身体、技术、战术、意志、风格等提出了新要求，促进了篮球技术水平的快速提高。此时，运动员要想获得比赛的胜利，就必须要技术全面，不但要有基础运动素质，而且对技战术的把握要得心应手，还需要吃得透比赛规则。很多球队在技术上出现了高度、力量、速度、技巧相结合的全面化技术。进攻战术上以高大中锋强攻篮下和快攻为主要的进攻武器和得分手段；防守战术主要以区域联防和全场人盯人紧逼作为基本的防御。

进入 20 世纪 70 年代后，世界顶尖优秀篮球运动员的身高进一步提升。各大洲的国家都频繁组织比赛，并开始举办世界男子 / 女子篮球锦标赛，篮球逐渐流行起来。篮球文化也逐步变成了世界范围内的主流文化。篮球的规则进一步完善，篮球的运行体系开始逐步构建。在第八届世界男子篮球锦标赛中，身高超过 2 米的高个子运动员多达 48 人。这些高个子球员既有身高的优势又有速度的优势，能很好地攻防，技术全面，使高空与地面的竞争更加激烈。篮球进攻的时空条件发生了巨大的变化，篮球的空间争夺变成了高空的争夺；篮球的对抗变成了身体、技术、战术、意志品质等各种因素的综合对抗。1976 年，女子篮球也作为正式体育项目出现在第 21 届奥运会上。在这个阶段，篮球的运行方式逐渐规范化、常规化，欧洲、亚洲、大洋洲的篮球也发展迅速，成为世界顶尖篮球队出现的区域。

4. 创新发展时期

任何事物总是处在动态发展变化过程中，篮球的发展也同样如此，也遵循着同样的规律。篮球运动的持续发展需要不断创新，才能够促进篮球运动在世界范围内的传播。一旦篮球运动抱残守缺、固步自封，篮球运动就会走向衰落，甚至在世界范围内被淘汰。20 世纪 90 年代，国际奥委会和国际业余篮球联合会同意职业篮球运动员参加奥运会。由此，世界篮球朝着科技、智谋、竞技、技能、凶猛的当代方向发展——掀起了第三次发展高潮。各种创新元素开始被加入篮球运动中，篮球变成了具有创新性的社会事物。时间和方式都有了新的规定（将上下半场改为4 段，每段 10 分钟，实行三人裁判制，交替拥有球权）。快速技战术和攻防转换战术有了新的发展；个人防守能力明显提高，其中以球为主的防守理念正在向以防人为主的防守理念转变，防守动作更具攻击性；篮球的时空争夺变得更加激烈，远距离投篮逐渐被演变成进攻中重要的武器之一。现在男子技术水平不断提升，很多女子球队的进攻打法也变得非常强悍，甚至逐渐接近男子运动的水平，很多女子技战术水平的体系逐步男性化。

随着比赛激烈程度的增加，很多元素开始发生变化，比赛的安全性受到更多的重视。因此，国际篮球联合会在 1994 年修订了篮球比赛规则，使空间竞争更加合理、安全和愉快。因为选手身体高度普遍增加，空战竞争更加激烈，所以篮板外围缩小，增加了橡胶护环。随着比赛激烈程度的增加，需要对比赛规则的一些细节进行更改，以适应新情况的出现。篮球运动的发展永远处在不断变化的社会环境中，篮球运动的规则也需要不断地进行修订。

二、当代篮球运动的理念

现代职业竞技篮球将在"高""快""全""准""变"理念中继续凸显，技战术运用将向"精""巧""智"，而"高、快、全、准、变"在新的历史条件下具有新的内涵。随着现代篮球运动的不断发展，身体素质各种元素的对抗变得更加细化，要想运动员获得比赛胜利就必须对其竞技能力的各个方面进行剖析，掌握现代篮球的制胜规律，并把制胜规律研究透。制胜规律中的各个元素都是对篮球本质特征的高度把握。[①]

"快速"：快是篮球的核心和灵魂。天下武功，唯快不破。运动员的获胜需要深刻把握竞技能力的各个要素，要有快速的思考能力、快速的启动和停顿能力、快速的战术应变能力，以及快速运用技术的能力。[②]

"准确"：体现为投篮和传球的准确性。一场比赛最终要靠比分来判定优胜。篮球比赛，能不能获胜，主要看防守；好不好看，主要看进攻。进攻和防守是一对矛盾。良好的防守就是为了想方设法降低对手的命中率；良好的进攻就需要和自己的队友创造好的机会，使自己的队友能够在关键时刻给对手致命一击。

"全面"：要求参赛者具备全面的身体素养。在进攻中，运动员往

① 陈钧,孙民治.我国竞技篮球运动发展的回顾、反思与展望[J].首都体育学院学报,2021,33(02):140-147.
② 吴翔,吴向东,陈伟者.以运动为抓手,以德体教育为两翼:"一校一品"篮球课程教学策略研究[J].青少年体育,2020,9(8):122-123.

往会针对对手的弱点进行攻击。当一支球队有致命的弱点时,这支球队就很难获得比赛胜利。当一个队员具有明显的弱点时,对手也会抓住他的弱点,进行重点攻击。因此,在篮球的训练和比赛中,教练要根据运动员的特点进行"补短"。随着竞技运动的不断发展,女子比赛的运动强度开始向男子运动靠拢。虽然女子运动可以效仿男子竞技运动,但是女子竞技运动的发展也必须要打出自己的风格和特点,进一步增强比赛的观赏性。

"多变":世界上唯一不变的就是变。在运动场上,各种情况瞬息万变。教练员在平时的训练中教授的各种技战术手段都是针对一般情况而言的。运动场上出现的情况千差万别,真正高水平的教练员往往会教会运动员随机应变的能力。所有的战术手段都不是固定的,要根据当时的情况做出必要的调整。

"明星":明星球员往往在队员中具有引领作用。明星球员往往具备技战术过硬,心理素质顽强的特点。当队伍落后的时候,他(她)们能够勇敢地站出来。教练员需要在平时的训练中仔细观察,培养具有明星气质的运动员来引领整个球队的发展。明星球员往往具有领袖的气质,他的气场能够带领整个球队积极向上,永不言败。

"阵型":比赛的阵型需要精心打磨。运动员需要在比赛中保持清醒的头脑,形成克敌制胜的阵型。一支球队需要根据球员的特点打造良好的阵型,如应将具有体育核心素养的运动员放在关键的位置上。

"统帅":比赛中,教练员在训练和比赛中起着关键的作用。将帅不力,累死三军。能力不强的教练员,往往没有把好钢用在刀刃上。

"技能":技战术中的技主要是指运动技巧,观众花钱购买的球票,就是希望在比赛中看到令人赞叹的技艺。所以,一支球队要有生命力,就必须要练就精湛的技术。现代篮球比赛已将技战术与艺术融合为一体。

三、篮球运动文化的发展

（一）篮球运动文化的概念

文化主要是指物的人化。文化的含义有很多种，争议较多，但整体来看还是有一些共识。广义的文化，是指人类社会历史实践中创造的物质财富和精神财富及在创造这些财富的过程中所包含的制度元素的总和；狭义上是指社会的意识形态及其相应的制度。体育文化是文化的一个分支，它不仅具有体育的本质特征，还具有文化的内在属性。因此，体育文化能够反映这种形式的体育方式、民族风俗、心理特征和审美情趣，具有物质财富和精神财富的基础元素。篮球文化属于体育文化的范畴，它以篮球为活动形式，体现了体育价值观和体育道德。

篮球文化蕴含着现代社会倡导的体育人文精神，对促进人类心理、生理和社会健康具有特殊而积极的作用。其文化价值主要表现在通过体育运动表达个体自我价值，促进人类有序生存和可持续发展上。作为文化实践，篮球运动在这个过程中创造了自身的文化特征。

篮球文化包含的要素比较广泛，与篮球相关的一切物质元素、精神元素和制度元素，都可以纳入篮球文化的范畴。篮球文化包括体育文化、制度文化、行为文化和心理文化。篮球文化的体育文化层主要是指篮球的物质生产活动和相关产品的总和，旨在满足人们参与篮球运动的最基本需求。篮球文化的制度文化层主要是指规范篮球运动的各种制度，这种制度文化具有相应的刚性，并随着社会的发展处在动态发展变化中，同时这种制度文化要去契合时代的发展。篮球文化的心理文化层是篮球文化的核心部分，是价值观、审美情趣、成就体验和篮球思维方式，也称为广义的篮球文化，它具有比较细腻的构成元素，往往与一个时代的主流价值观和时代潮流密切相关。同时，作为运动主体的篮球人具有文化的主导性，他们可以根据自身的喜好和特点，选择适合的社会要素融入篮球文化。

（二）篮球运动文化形态的社会学解析

1. 竞技运动文化的经典

运动文化具有多种类型，真正适合社会大众的文化一定是具有长久生命力的项目，它的构成要素中一定是具有某种适合时代发展的特殊元素。篮球作为一种社会文化，具有其他类型的竞技运动所不具有的一些本质元素。首先，它的参与门槛较低，男女老少都可参与，而且比较容易上手。其次，篮球对场地设备的要求相对较低，在一些边远山区和经济落后的地方同样可以开展。最后，篮球的运动强度可以进行调节，身强力壮的年轻人可以选择对抗性较强的全场对抗，体质较弱的中老年人可以选择三人制的半场对抗。

篮球运动技战术多种多样，很多优秀的运动员将篮球战术艺术化地运用到比赛中，使篮球运动极具观赏性和艺术价值。

作为一项广受人民群众喜欢的运动，篮球运动已经成为社会文化中重要的组成部分。例如，在美国广受欢迎的 NBA 吸引了全世界人们的注意力。火爆的比赛场面、高超的战术水平、紧张刺激的比赛过程吸引了大量粉丝加入篮球队伍中。如今，NBA 已经成为世界重大体育赛事，通过卫星转播，全世界人们都可以欣赏到精彩纷呈的比赛过程。

2. 社会大众文化的重要载体

篮球的参与者可以分为两类：一是参加职业比赛和常规赛事的高水平参与者；二是以健身、休闲、娱乐为目的的普通参与者。篮球的流行是当今社会的文化现象。随着社会的发展和文明的进步，篮球文化与人的关系变得很密切。一方面，人们在满足基本物质需求后，具有追求美好生活的需求；另一方面，随着人们工作和生活节奏的加快，各种精神压力也在增加。这种由于生活压力导致的极端事件不断发生，人们需要发泄情绪的途径。由于篮球运动具有激烈的对抗性，参与者能够在参与比赛的过程中排解和发泄不良情绪。这对参与者的身心健康具有极其重要的价值。人们不再满足于站在场外为篮球明星加油，而是主动出击，参与其中，享受其中，品味篮球带来的刺激，体验篮球的激情与快乐。

随着中国发展进入新时代，大众的物质财富得到了极大的增长，人们开始有更多的精神追求，紧张激烈的比赛成为人们娱乐消遣的重要路径之一。物质财富的增长使场地设备不再是难题。很多社区、学校和工厂都有了塑胶篮球场，使人们运用篮球项目进行健身成为可能。

3. 校园文化的重要内容

篮球在校园中是非常受欢迎的项目。很多年轻人通过篮球树立了自信、提高了自己的综合素养。校园文化中的篮球文化是篮球文化和校园文化相互交融的结果。校园篮球文化的意义体现在多个方面。首先，校园篮球文化创造了积极的正能量；其次，校园篮球文化，锤炼了学生的体魄；最后，校园篮球文化，促进了学生的社会化。篮球文化强调协同合作，学生通过篮球运动提高了自己的人际交往水平，提升了自己的团队协作能力。

第二节　篮球运动的竞技特征

一、独特的时空对抗特点

比赛的优势，往往是多个要素相互博弈的结果。篮球比赛往往是围绕着得分，在规定的时空环境中进行的集体对抗。优秀的运动员往往具有较强的时空意识，他们在比赛中往往会利用一切手段去获得时空上的相对优势，为最后获得比赛的优胜助力。[①]

篮球运动需要把球扔进距离地面 3.05 米的篮筐中，球员之间的传球基本上都是在空中进行的。运动员需要在特定时空环境中完成特定的技术动作，因此参与者需要有良好的身体控制能力和时空判断能力。它需要参与者反应速度快、投篮命中率高、决策失误率低。由此可见，运动

---

① 蔡维敏. 世界青少年男子篮球竞争格局及特征 [J]. 哈尔滨体育学院学报，2020，38(5): 81-85.

员在进攻和防守的瞬间的应变能力是最后获得优胜的关键。

二、集体协作的联合对抗

篮球运动是讲究齐心协力、相互配合的项目。运动场上的五个人需要各司其职、相互协调、相互补位，在集体的对抗中发挥出本方最强的进攻能力。篮球比赛是集体智慧和技能的对抗，为了赢得比赛的优胜，在规则允许的前提之下，进攻方球员可以使用各种战术和对手进行周旋。

三、技术动作灵活多变

篮球是需要直接用手控制的运动项目，手是人体最灵活的部位，在控制的准确性和快速性方面都占据绝对的优势。因此，篮球的各种技术环节和技术细节都可以达到非常细腻的程度。在比赛中，当两个运动技术水平旗鼓相当的人进行对抗时，进攻的一方往往相对容易取得成功。同时，高水平的运动员通常能够根据场上的变化，在技术上做出适当调整，以争取比赛的主动权。

四、商业性逐步加强

扣人心弦的比赛过程和眼花缭乱的技战术动作，使篮球比赛具有了较强的观赏性。篮球比赛有比较广泛的受众，许多公司和企业从中看到了商机。他们把商业代言和广告投向了篮球比赛。篮球比赛的运作被注入资金，形成了良性循环。于是，篮球比赛开始有了很多俱乐部运作的模式，俱乐部的产权往往非常清晰，具有独立法人代表资格和完善的金融运作模式。

五、职业性特点突出

所谓职业，是指某人以此作为生活的来源。由于篮球运动逐渐具备了商业性特点，许多优秀运动员以此作为生活来源成为可能。很多篮球俱乐部成立以后，常规化的比赛使其有了稳定的资金来源。职业化导致了篮球运动水平的不断提升，使比赛的观赏性进一步增强。现代职业篮球运动成了体育产业中发展的亮点，职业化篮球也成为新世纪篮球发展的新特征。[1]

六、对抗性进一步增强

职业化的篮球使比赛的水平得到了进一步提升。职业化的篮球运动员往往是全天候训练，他们将身心和精力全部用于提升自身的篮球对抗能力和素养上。因此，职业化和商业化的篮球运动，使篮球水平不断攀升。现代的篮球运动与最初的篮球运动有了很大的差别。当有了较大的商业利益以后，就会有很多具有篮球天赋的运动员加入商业性比赛，也会有很多的研究团队开始研究如何能够获得比赛的优胜，以及如何获得最大的商业运作利润。[2] 所有这些因素共同促进了篮球水平的提升。在现代的篮球运动中，一支球队获得比赛的优胜，往往是多方协作和团队运作的综合结果，不仅需要运动员具有良好的心理和技能水平，还需要有良好的后勤保障和资金支持。多方运作的结果是，只有各种因素达成最优组合的球队才能够获得比赛的优胜。最终，篮球比赛水平越来越高，竞争越来越激烈，对抗水平越来越高，要获得比赛优胜的难度越来越大。

第三节　篮球运动的价值

一、篮球运动的社会价值

与足球相比，篮球并不是"世界第一运动"，但由于篮球的高参与

① 金彬彬，陈清.高校篮球运动员专项体能特征分析研究[J].体育科技文献通报，2020，28(4)：171-175.
② 周亚辉，郭永波，温洪泽.群众篮球"广东模式"的基本特征与形成机制[J].体育学刊，2019，26(4)：69-72.

率甚至超过了足球，在社会价值的体现上自然会有一些差异。因此，我们需要对篮球的社会价值进行系统分析和总结。

（一）经济价值

1. 促进经济增长

职业篮球的本质是一种金融运作模式。金融运作模式的最终目的是获得商业利润。职业篮球比赛是通过制造篮球产品来获得商业利益的，而职业化的篮球运动往往会带来高水平的篮球表演，它吸引着全世界数以亿计的篮球球迷。随着篮球职业市场的不断发展，篮球产业已经成为体育产业中的亮点之一，而且具有旺盛的生命力。[①]

2. 优化产业结构

体育产业具有庞大的体系，被称为 21 世纪最具有发展潜力的产业之一。篮球产业是体育产业中一个重要的分支，在国家供给侧改革的大背景下，篮球产业发展的改革势在必行。篮球产业的发展促进了旅游产业、传媒产业、体育产品制造业的蓬勃发展。随着我国国民生活品质的提升，越来越多的大众开始喜欢上篮球这项运动，篮球运动成为他们生活中不可或缺的调味剂。甚至从某种意义上讲，篮球运动已经成为部分人的生活方式。因此，大型的篮球比赛在拉动内需、增加就业岗位、提高整个城市的声誉与品位方面具有重要的价值和影响。

（二）政治价值

1. 外交价值

外交是一个国家持续不断发展的重要推动力之一。闭关锁国、阻断对外交往的纽带往往是一个国家停止发展的标志。我国的很多历史事件和历史时期都印证了这一点。外交的方式有很多，包含了谈判、访问、参与国际会议等，其中篮球运动是非常有效的拉近国家与国家、民族与民族之间距离的运动项目。由于篮球运动参与人员广泛、比赛形式简单，观众能够很快看懂比赛的规则。因此，当两个国家发生利益摩擦或种族

---

① 蒋志伟，邱希.回顾与前瞻：中国男子篮球职业联赛竞争格局演变特征［J］.武汉体育学院学报，2019，53(02): 89-95.

恩怨时，组织一场篮球比赛就成为缓解两国关系的有效选择之一。在特殊的历史时期，篮球运动成为对外交往的润滑剂之一，它在特殊时期被赋予了特殊的价值和内涵，并服务于国家的整体战略和国家利益，促进了世界的和谐稳定。

2. 激发民众爱国热情、提升民族凝聚力

在国际性比赛中，每一支球队都代表了一个国家。每一个漂亮的得分、每一个精彩的技战术表现都会赢得本方观众的热烈鼓掌和喝彩。特别是一些欠发达国家和地区，他们往往没有特别拿手的项目，篮球比赛能够极大地激发他们的民族荣誉感和自豪感。每一次升国旗、奏国歌，都是对运动员和球迷的良好的爱国主义教育，都能够让他们为了自己的国家全力以赴。

3. 促进政治文明建设

篮球运动与政治文明有着密不可分的联系，就拿我国来说，篮球运动在中国政治文明的建设中，发挥了一定的价值。所有的篮球比赛过程都是基于公平、公正、公开的基本理念的，它有利于培养大众遵纪守法的行为习惯。同时，篮球运动讲究尊重对手，这也有利于培养社会大众的优良品德。此外，篮球运动还有利于培养社会大众高度自律的精神品质。由此可见，篮球运动与政治文明建设有着千丝万缕的联系。篮球运动有利于社会和谐，更有利于法治社会的建设，有利于政治文明建设的进一步发展。

（三）文化价值

任何文化都脱离不了社会文化的影响。以美国文化为例，美国是移民国家，美国文化是以西方文化作为文化基础要素、以基督教文化为主体的宗教文化。经工业革命积淀，形成了崇尚个人本位，以好斗、英雄主义为内涵的文化精神。受美国文化的持续影响，美国篮球文化倡导"英雄主义和个性张扬"。技术上，美国人把篮球场视为表现个体优势的舞台，他们注重个性展示，表现自己高超球技，善于创造性地运用技术，在战术上注重快攻，注意多人的基础战术配合。对于每场比赛，队员都充满自信，表现出敬业精神以及霸气、牛气，甚至是个人的傲气。代表篮球主流文化的 NBA，每队都有一两个核心、明星运动员，教练员通常围绕他们来制订比赛计划。总之，美国篮球文化以个人本位行为为中心，技术上强调以灵活性和创造性发挥战能，战术上强调抓住比赛契机快速获得比赛优势。

篮球文化是世界通用的特殊身体语言。篮球运动是用人体与器械构成的运动语言，它是专门技术、战术、规则以及裁判手势组成的运动语言。篮球文化不但是体育文化，而且是重要的社会性文化。篮球文化代表了正能量。在学校中热衷于篮球运动的学生，往往非常上进、意气风发、富有个性。篮球场上往往需要参与者迎难而上，不畏艰难、不畏对手，而他们通常能够把篮球场上的精神气质转化到生活中。因此，篮球文化是非常具有价值的正能量文化，对净化社会风气具有积极的推动作用。

1. 物质文化价值

篮球物质文化是篮球文化的物质载体，是篮球行为文化、制度文化和精神文化的物质元素。物质文化的内容可以分为三个部分，即劳动对象、劳动资料和劳动者。篮球的物质文化价值是通过"劳动对象"将球投进篮筐，"劳动资料"是篮球，"消费资料"以及"劳动者"通过人体现。其中，"消费资料"包括比赛所需的场地、服装、饮料和设备。篮球装备带动了相关产业经济的发展和装备制造文化的繁荣。篮筐和篮板也经过时代的发展，在材质、造型、性能等都进行了改进。从某种意义上说，篮球物质文化推进了篮球的发展和传播。

设施和产品，以及生产过程的发展，都在孕育着物质文化，如明星纪念品、富有个性的服装、篮球博物馆、国家著名的标志性建筑、独具特色的雕塑和极具创意的标志等。此类产品不仅繁荣了市场，而且提升了篮球相关产品的价值。

2. 制度文化价值

制度文化是精神文化的外化，组织结构、制度章程、礼仪习俗构成了制度文化的内在要素。这个文化在某个历史时期是相对稳定的。中国篮球制度文化是篮球领域社会制度的延伸。篮球的制度文化在某种程度上来讲,反映了社会的管理体制,是保证篮球运动持续、健康发展的制度因素。

目前,我国的篮球运动已经具备了相对完善的管理制度和运行制度。具体的制度要素包含了比赛规则、比赛的运行方式、比赛的相关制度和比赛的管理方法与机构。篮球的制度文化促成了中国体育价值观的逐渐形成,最后形成了篮球公平、公正、公开的赛事制度文化。制度文化即人们在很多场合共同遵守的行为规则。这种共同的规则包含了篮球语言、篮球礼仪、篮球服饰、篮球球迷文化、篮球交流方式等。此外,篮球文化还包含了由此衍生出来的亚类文化。

篮球俱乐部文化在我国还处于发展初期,基于现状,我国篮球俱乐部文化建设应需要做以下改变。

第一,对俱乐部管理体制进行改革;加快俱乐部管理体制改革步伐,使俱乐部实现实体化;健全机构设置;完善激励机制,促进技术提高;改善环境,实现经营多元化;实现俱乐部股份制。

第二,通过制定联赛准入标准来推动文化建设。例如,在准入标准中明确要求,每月进行球迷交流;在赛季期间,配合联赛办公室举行公益活动;在非赛季期间,至少举行两次训练营;俱乐部必须有专人与球迷协会联系,负责推广活动;非赛季期间,举办夏令营和篮球专门性商业活动;等等。

第三,借鉴职业篮球俱乐部文化模式。例如,创造各种条件、整合优势资源成立业余篮球俱乐部联盟,加快俱乐部文化建设;在高校采用俱乐部模式对学生进行篮球教学和课余训练,促进制度文化的标准化和规范化。

3. 思想理念价值

中国人长期受中庸思想熏陶,讲究"不为人先""明哲保身",更注重和谐。近年来,随着文化全球化进程的推进,中国篮球吸收了西方文化中的精华元素,但"团结""和谐一致""为国争光"仍是中国篮球文化的主流。受中国社会影响,中国篮球文化强调整体,每个队员都应认清自己的责任和担当。中国篮球文化的特征是强调整体和团队配合,在和谐的基础上，实行个人攻击，集体主义和为国争光是篮球思想理念的核心元素。思想理念永远领先于实践的发展。每次篮球理念的进步，都源于思想理念的解放和发展。思想是篮球发展的行动指南，篮球思想就像行为线索，贯穿了篮球进入中国的100多年的历史。经过数代人的持续探索，篮球思想逐渐具备系统性和指导性。篮球思想整合了思维、道德、审美等要素，最后构成了具备科学性的意识形态。

篮球的人文思想价值包含的元素主要有实施人文关怀、表达人文精神元素、表达人的多维情感等。随着人文精神元素逐渐渗透到中国篮球思想理念之中，形成了以人为本的可持续发展理念。这里的人文精神元素，主要是指关爱人的生命健康、关注参与人群的个性化需求、维护参与人群的尊严和自尊心。篮球的人文精神价值体现了人们对人的需求的终极关怀和对篮球项目深度价值的根本看法和追求。

人文精神和人们关怀的最基础元素起源于西方的人本主义和人文主义，它的核心思想在于肯定人的价值和人性，特别关注的是人的精神状态和人的精神生活质量，追求人的平等和自由。篮球的人文精神发展主要有以下途径：第一，通过篮球的经济化训练、学校体育的不断发展、俱乐部文化理念来关注人的体育需求。第二，通过举办篮球友谊赛和边远贫困地区的赞助性比赛来达到人文关怀的目的。第三，篮球明星通过自己的影响力和资金来成立篮球公益基金，有目的地赞助边远地区的青少年进行篮球运动，达到体育扶贫的目的。篮球运动由于其项目的特殊性，在运动中需要进行大量的起跳、跳投、快跑、中投等，不仅能加速参与者身体代谢，提高身体素质，也能使锻炼者从繁重的学习和工作中暂时解脱出来，使身心放松。同时，在篮球比赛中的对抗锻炼，激励参与者在逆境中越挫越勇。

二、街头篮球的价值

街头篮球具有更大的随意性，其不需要正规的比赛场地和采用正规的比赛规则。它可以在城市广场或者空旷的街道上进行，半个篮球场面积的平坦地面，再加上篮球架就可以进行。其更强调，大众的参与性和个性的张扬，这对推进大众体育和全民健身具有不同寻常的意义。

（一）街头篮球的娱乐价值

20世纪60年代以来，西方国家的经济得到了极大的发展。中国自20世纪90年代以来，经济也开始了新的腾飞。人们的工作时间缩短了，可以自由支配的资金也在不断增加，生活水平和精神文明的水平也不断提升。因此，人们在进行篮球运动时，追求的主要是健身与娱乐。人们不太关注比赛的优胜，更多关注的是这项运动能够给自身带来的愉悦感和放松感。街头篮球，就是在这种时代背景之下诞生的，它更强调随意性和放松心情，以及个性化。然而，娱乐和体育之间的关联非常紧密，如果能够在娱乐的同时获得身体的健康，便是一举多得的活动。

街头篮球运动产生的娱乐价值主要体现在以下几个方面。

1. 街头篮球的形式优美感

街头篮球参与者通过对主观和客观形态的主动把握形成了动态愉悦感。在这种美感的形式中，感觉显得尤为突出，这种来自感官的快感包含了对生命、生活和人生的多元化理解。在运动的形式上主要表现为和谐、韵律、对称、协调的运动。对于街头篮球的价值而言，它能够使球迷产生陶醉感、轻松感和艺术感。街头篮球中所包含的音乐和舞蹈元素，又表现了参与者对生活的热爱，多元化的形式能够激发参与者的想象力。

2. 街头篮球的简单随意性

街头篮球的娱乐性相对于传统的五人制而言，具有一定的优势。第一，街头篮球不像传统的五人制篮球一样，有非常严格的篮球规则，针对街头篮球的规则已经进行了简化。它对具体的动作没有非常严格的规定，而是鼓励创新和个性化的发展，可以包容具有随机性的篮球动作和具有炫酷的技术动作。第二，街头篮球的练习，没有固定的训练模式。可以约两三个球友一起进行游戏，也可以单独进行练习。球队的练习时间和地点都没有具体的规定，当朋友都有空闲时间时就可以约一场比赛，因此街头篮球具有灵活性强的特点，这也是街头篮球吸引了众多年轻人的非常重要的因素之一。

3. 街头篮球内容的丰富性

街头篮球的内容可以达到非常丰富的程度。它的情感体验具有多样化特点，参与者可以在这项运动中体验到胜利、成就、喜悦等。

街头篮球的丰富性可以满足人们的多样化情感体验和需求。从对抗的组织形式来看，在半场范围内，它可以从一到五人进行半场对抗，还鼓励运动员采用身体的各个部位来控制篮球，形成自己个性化的篮球风格。从运动形式上看，街头篮球可以保护竞技篮球的一些固有形式来达到创新的目的。此外，本人擅长的舞蹈和一些特长动作可以加到街头篮球的表演中。

（二）街头篮球的教育价值

现代教育理论指出，教育是人类特有的一种活动过程。教育的根本目的在于培养全面发展的社会建设者和接班人。在培养的过程中，要想方设法促进被培养者的社会化。所谓全面发展，其不仅需要知识维度的发展，还需要在思想道德、社会化等维度进行全面的提升。涉及街头篮球，教育价值的体现维度主要表现在对参与者的审美能力的提升和对道德品质的提高上。

1. 街头篮球的德育价值

对于 20 多岁的年轻人来说，他们有足够的精力进行体育运动，而且他们有丰富的情感需要宣泄，街头篮球可以对他们的情感进行合理化的引导。年轻人有攻击性的行为，是与生俱来的，是不以人的意志为转移的客观存在。行为主义心理学家认为，单纯的控制和压抑会起到局部的或者短时的效果，而长久的心理稳定和社会和谐的营造需要长时间的合理引导。街头篮球的行为动作多种多样，采用的多是正能量和具有情绪宣泄作用的激昂音乐。通过街头篮球对情绪的合理引导，年轻人会变得更加理性。他们的道德情操和审美趣味会得到进一步提升。

2. 街头篮球的美育价值

美，指的是事物内外部高度和谐的一种心理感受。美育，指的是使受教育者能够有能力感受自然和社会中的美感，有意识地培养其体验美和创造美的能力。美感活动的表现通常是非功利性的，美感活动不直接满足人的功利化目的，却潜移默化地影响着人的日常生活和学习。美感的本质在于人通过直观感知自身在客观事件中的本质力量而产生的精神愉悦感。街头篮球通过随心所欲的动作来突破对方的防守，加上创新性的技巧动作来达到表演的目的。人们能够从表演者的身上体会到他们对生活运动的热爱，这无形之中，对参与者和欣赏者而言都是一种美的教育。

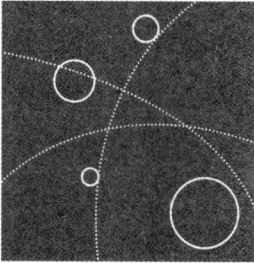

第四章

//

网球运动及其价值

第一节　网球运动概述

一、网球运动的起源与发展

网球运动的起源最早可以追溯到 12 至 13 世纪，当时的法国传教士用手掌在教堂的回廊里面来回击球。法语叫"jeu de paume"，意思是掌击球，这是一个手部动作。14 世纪中叶，浪漫的法国人开始将网球带入法国的宫廷，作为贵族茶余饭后的调味剂。最开始，这种来回击球的游戏在面积比较大的大厅集中进行。游戏所采用的球使用布料包裹住，并用很长的绳子拴住，击球的球拍为两只手。1358 年到 1360 年之间，这种简易的游戏开始被介绍到英国。法国王储送过网球（贝壳布做的，里面塞满了头发）给国王亨利五世，当时的国王对这项游戏非常感兴趣，于是开始效仿，之后游戏很快在英国传播开来，但是传播的范围主要是在英国的上层社会。长期以来，网球被称之为贵族运动。就网球的历史来看，16 至 17 世纪，是英国和法国宫廷开展网球运动的鼎盛时期。[1]

当人们厌倦了用手来回击球的时候，球拍就开始出现在人们的生活中。起初，皇家贵族使用驾驶手套和棒球手套来回击球，后面逐渐演变成用球拍，开始采用覆盖羊皮的木板来代替手套进行击球。随着网球运动的发展，球拍和球都发生了很大的变化。最开始的网球非常柔软，中间夹杂的主要是羊毛和麻料。随着球板的出现，网球中填制的材料开始变成了木屑和细沙。后来，随着穿线球拍的出现，大众开始用皮和棉捆绑在一起的球。到 1845 年以后，网球的材质开始变成橡胶，这给整个网球运动带来了革命性的变化。[2]

虽然研究网球史的学者对网球的起源有不同的看法，但他们对计分

---

① 刘强, 肖龙玲 . 网球运动研究综述 [J]. 运动, 2015, 7(20): 144-145.

② 岳敏 . 网球运动与美的关系 [J]. 佳木斯教育学院学报, 2013, 30(5): 29-32.

制的认可程度是一致的。评分系统的术语来自法语。"loue"来自单词"l'oeuf"，意思是蛋，代表 0，"deuce"来自"deux"，意思是两个。网球的得分顺序是 15、30、40。有人认为原来的计分制度是模仿法国的货币，因为早期的法国货币采用的是 15、30、40 的增量法。也有人认为这三个数字是基于六分仪，每局 4 分，4 个 15 度形成 1/6 圆，所以以 15 为基数，而把 45 改成 40，是为了发音清晰。

1858 年，英国人哈利·梅姆在英国伯明翰一位朋友的草地上建起了"网球场"，推动了早期网球的发展。1872 年，他成立了网球俱乐部，扩大了网球游戏的影响。[①]

1873 年，美国人沃尔特·克洛普顿·温菲尔德改进了网球，使其成为夏季活动，并将其命名为"草地网球"。同年，他还出版了网球小册子，介绍了这项运动。此后，草地网球很快取代了板球，因此温菲尔德有"现代网球之父"的美誉。1874 年，进一步确定了场地大小和网高。1875 年，英国板球俱乐部制定了网球比赛规则。1877 年 7 月，全英板球俱乐部更名为全英板球和草地网球俱乐部，并举办全英锦标赛，也就是举世闻名的温布尔登网球公开赛。之后这个组织确定的网球场是长方形的，长 78 英尺（23.77 米），宽 27 英尺（8.23 米）。采用中世纪评分法，0 分叫"love"，1 分叫"Fifteen"，2 分叫"Thirty"，3 分叫"Forty"，平分叫"Deuce"。球网中央的高度为 90 厘米，1884 年，英国伦敦玛丽·勒网球俱乐部将其改为 91.4 厘米。现在使用的规则基本都是 1877 年 7 月定下来的温布尔登规则。

1874 年，美国女运动员玛丽·尤因·奥特布里奇从百慕大的英国陆军军官那里购买了网球器材，并在美国纽约建造了首个网球场，拉开了美国网球的序幕。1881 年，美国全国草地网球协会（"全国"两字于 1920 年取消）成立，并在罗德岛的新港举行了第一届美国男子网球锦标赛。美国网球快速发展后，其影响力逐渐超过了法国和英国。[②]

① 秦丽梅.各种运动项目的起源[J].当代体育科技，2012, 2(4): 81-82.
② 赖月波.网球的发展起源及教学中的艺术鉴赏[J].才智，2009, 9(22): 212-213.

1891 年，法国首次举办男子单打和男子双打锦标赛，参赛者仅限于法国公民。

1896 年，在希腊雅典举行的第一届奥运会上，网球的男子单打和双打被列为正式比赛项目。

1900 年，第一届戴维斯杯网球锦标赛在美国波士顿举行。1904 年，澳大利亚草地网球协会成立，并于 1905 年举办了首届澳大利亚网球锦标赛。1912 年，澳大利亚、美国、法国等 12 个国家的代表在巴黎召开会议，成立了国际网球联合会，总部设在伦敦。1919 年，采用"种子"制度。从 1945 年到 20 世纪 60 年代，网球趋向职业化。1963 年，女子网球团体赛——联合会杯首次举行。从 1968 年，职业选手和业余选手均都被允许参加所有赛事。1972 年，国际男子职业网球协会成立。1973 年，国际女子职业网球协会成立。

20 世纪 70 年代后，网球发展迅速。网球得以快速发展的原因有两个：一是允许职业选手参加，取消了职业和业余的界限，增加了比赛的强度，从而提高了选手的技术水平，吸引了网球爱好者的积极参与；二是科学技术在球拍等设备制造中的应用，促进了生产水平的提高。

网球的男子单打和双打自第一届奥运会开始就被列为正式比赛项目，但由于国际奥委会和国际网球联合会对业余定义不同，已经进行了连续七届奥运会网球比赛被取消。直到 1984 年，网球被列为表演项目，1988 年再次列为正式项目。

进入 20 世纪 90 年代后，世界网球具有以下特点：第一，普及程度扩大。据有关资料显示，1990 年初，注册协会有 156 个。第二，水平提高，竞争激烈。随着器材改革，尤其是球拍发展，网球将向力量方向发展。第三，随着网球比赛奖金的增加，职业化程度会越来越高。总之，网球作为世界级运动，以其魅力和技术吸引着越来越多的观众。

二、网球运动的类型

我们每天或在媒体上谈论的是狭义的网球，而广义的网球可分为以下几种。

（一）常规网球

常规网球，也叫普通网球，是我们经常谈论的网球，也是本书描述的网球。

（二）软式网球

软式网球是由网球派生出来的。其诞生于日本，使用的球为橡胶球，并对气压有要求。球拍比普通网球拍要小，材料差不多。

软式网球的规则和一般网球没有太大区别。真正的更新来自1992年，选手的发球可以高过头部位置，或者低于头部位置。进攻可以在网前正手反手，也可截击。在一局比赛中，选手先得4分即获胜。和常规网球不同的是，软式网球的发球局轮换两局一次。[1]

软式网球的场地和网球一样，网高1.06米。其比赛项目分为团体赛、双打和单打。单打比赛不同于普通网球。一盘定胜负，双打一盘九局，单打一盘五局。和普通网球一样，也需要将球击过网。

（三）短式网球

短式网球是儿童网球的一种，是国际网球呈现"少启蒙，早成长"趋势下，根据儿童身心特点打造的。短式网球适合5岁以上的儿童，是儿童训练初期的有效手段，也是网球接轨的必经之路。孩子一旦开始训练，就能在短时间内掌握技术，形成意识，灵活运用技能。

短式网球起源于20世纪70年代后期的瑞典，之后在欧美流行开来。其对培养人才、提高水平起到了积极的推动作用。[2]

---

[1]　郑传锋,曲艳和.四种局类型视域下对网球发球决策的统计分析[J].湖北体育科技,2018,37(10):5-8.

[2]　周峰,李明芝.场地类型与网球运动员竞技能力发展的相关性研究[J].体育科技文献通报,2010,18(11):40-42.

1990 年，国际草地网球协会正式承认短式网球这个项目。1995 年，国际网球联合会正式决定并发布计划，其被认为是最理想的少儿训练方法。

短式网球场的面积占普通网球场的 1/3。长 13.4 米，宽 6.1 米，端线与挡块距离不小于 4 米；球场间距离 2 米。室外球场面向南北。国际草地网球协会制定的球场布局是网与中线在中点相交，球场为矩形。围栏高 3.5 米，侧围栏高 2 米，柱高 0.85 米，网长 7 米，中心高 0.8 米，网柱间距 7 米。沙子、沥青、木头、塑料等场地材质均可。同时，允许地面是光滑的。

短式网球的球有两种，一种是海绵球，适合 6 岁以下儿童；另一种叫过渡球，体积小，压力小，不如标准网球硬，不会伤到孩子。

（四）轮椅网球

轮椅网球运动是美国人于 1976 年发起的。1988 年，国际轮椅网球联合会成立。1998 年 1 月 1 日，国际轮椅网球联合会完全并入国际网球联合会（ITF），成为第一个世界级别的残疾人体育组织。轮椅网球于 1988 第 8 届在韩国汉城残奥会上首次成为表演项目，并于 1992 年第 9 届巴塞罗那残奥会上正式成为比赛项目。比赛在两到四名失去下肢活动能力的选手间进行。

标准网球场占地面积不小于 36.58 米（长）×18.29 米（宽），这也是室内建筑内墙地面的净尺寸。在该区域内，有效双打场地的标准为 23.77 米（长）×10.97 米（宽），每条端线和边缘线后有备用空间，端线不小于 6.40 米，边缘线不小于 3.66 米。球场上安装网柱，柱间距离为 12.80 米。柱顶部距地 1.07 米，中心顶边距地 0.914 米。相邻球场边线距离不小于 7.32 米。室内网球场，端线需 6.40 米以上的净高。

比赛开始前，通过扔硬币的方式做选择，获胜者有发球权或场地选择权。如果选择发球或接发球，要让对方选场地；选场地的人应让对方选发球或者接发球，也可要求对方做出上述选择之一。其比赛规则与奥运会基本相同。比赛期间，参赛者不得接受指导。除特殊规定外，轮椅网球比赛与国际网球联合会制定的规则应相同。

三、网球文化的发展

所谓网球文化，是指参与网球的人的思维和行为凝结，是网球运动的理论、技术、战术、习俗和制度的总称。网球文化的核心是网球价值的群体观共识共享，本质是网球社会化。网球文化既包括网球参与者的理念文化和行为文化；也包括意识形态的软文化和物质形态的硬文化。网球文化至少包含五个要素：竞技文化、大众文化、休闲文化、民族文化和产业文化。我们迫切需要建设的网球文化包括以下方面：以训练、比赛和科研为重点的竞技文化；以培育产业为中心的产业文化；以促进发展为内容的大众文化；以传承为内容的民族文化；以丰富业余生活为中心的休闲文化。

网球发展史以网球产品进步为基础，以技术进步为导向，以文化进步为支撑，反映了网球发展的意识形态，构成了文明演变的精神形态。先进的网球文化是网球发展的强大动力，在理论指导、智力支撑、产业支撑、提高素质、增强凝聚力等方面发挥着重要作用。我们可以把网球文化理解为网球运动所创造的价值及精神财富，网球事业在意识形态方面的集中反映。今天，我们在研究网球文化时，要从历史延续性和民族性等方面来审视，应放眼全球，注意中外文化差异。

四、网球运动的发展趋势

（一）网球运动的技术化

"胜者为王，败者为寇"，这句俗语在竞技场上表现得尤为明显。目前，各种比赛都要求运动员技术全面，即发球力量大、速度快、旋转多变。因此，正反手技术平衡、加力旋击被广泛使用。技术打法从早期的稳定转变为强悍，在各种赛事中，比赛采用淘汰制，只要输了一场比赛，参赛者很可能无缘决赛，所以运动员都用采用实用战术。目前，优秀选手往往既有技能，又有"战能"。新材料的球拍不断涌现，博弈思维不断完善，使比赛趋于激烈。[①]

要取得优异成绩，必须掌握全方位技术。网球主要有两种打法：一种是进攻型打法；一个是防守型打法。进攻型打法可赢得主动权，容易得分。然而，非强迫性失误是运动员的弱点。为克服这一弱点，其技术必须稳定。

（二）网球运动的普及化

1. 普及面越来越广

自 1877 年第一届温布尔登网球锦标赛以来，现代网球已有一百多年的历史。随着网球运动的发展，越来越多的人开始热爱网球。在欧美，网球运动员的数量非常庞大。1989 年，年仅 17 岁的美籍华裔网球运动员张德培夺得法网男单冠军，深刻地影响了亚洲几代运动员的成长。

亚洲的网球水平远低于世界强国。然而，随着亚洲网球水平的提高，出现了许多优秀的运动员，如斯里查潘、杉山爱、李娜、郑洁等。上海大师赛和中国网球公开赛的成功表明：中国有能力举办大型网球比赛。随着现代网球在中国的普及越来越广，中国网球进入了快车道。

2. 组织机构越来越完善

国际网球联合会于 1913 年在法国巴黎成立，当时只有 12 个成员国，现有协会成员 210 个，其中正式会员 145 个。最高级别的四大网球公开赛、戴维斯杯、联合会杯团体赛由均其主办。

1972 年，国际男子职业网球协会成立。该协会由 60 名职业运动员组成，宗旨是维护运动员的利益，为他们提供机会和奖金。该协会规定其成员必须是世界前 200 名的运动员。同时，协会发行了《国际网球周刊》。1973 年，国际女子职业网球协会成立。

据网球发展需要，有必要建立多个国际网球组织，使网球朝着更加健康的方向发展。为使这些组织更好地工作，各部门应相互配合和协作。

---

① 杨先军.对高校不同类型网球课教学的对比研究 [J].辽宁体育科技，2010, 32(1)：83-84.

（三）观赏性越来越强

网球的比赛场地多种多样，主要三种类型：一是沥青、混凝土涂塑硬场的快速场；二是草场地的中速场；三是沙泥或红土的慢场。场地不同，球速不同，打法和战术有差异，观赏角度也有差别。例如，快速底线打法、多变全面打法、大力发球上网打法等，都在一定程度上增强了网球运动的观赏性。另外，比赛作为网球大盛典，吸引着全世界数十亿爱好者观看。每年参加澳大利亚网球公开赛、法国网球公开赛、美国网球公开赛、温布尔登网球公开赛的都是排名靠前的选手，他们的技术代表着网球的最高水平。这在一定程度上使，赛事扣人心弦，增强了观赏性。

第二节　网球运动的竞技特征

一、空中击球快速有力

"天下武功，唯快不破"。在网球比赛中，运动员必须用网球拍把球或反弹球击打在对手场地上。发球时需要先把球抛起，然后把球击打到对方发球区。击球需要又快又有力才能有效遏制对手的发挥，快速有力是现代网球发展的显著特征之一。

二、发球方法独具一格

网球比赛规则规定，一局比赛一方连续发球，直到一局比赛结束，这一局叫发球选手的发球局。发球方有两次机会，一次失误后还有第二次补救的机会，这个规则让选手有可能发出力量大、角度刁、旋转强、反弹高的发球。在实力均衡的比赛中，发球方总能占据优势。

三、记分方法与众不同

网球的评分系统始于中世纪。根据天文六分仪，一个圆分为六份，每份 60 度，每度 60 分钟，每分钟 60 秒。相反，4 个 15 秒为 1 分钟，4 个 15 度分为 1 度，4 个 15 度为 1 份，由此构建出了 4 个 15 度，即赢 1 分球为 15，赢 4 分球为 1 份，赢 4 份为 1 套。随着网球的发展，每盘改为了 6 局。后来记录 1 分为 15，2 分 30，3 分 40（45 的略写）。若双方都拿到 40，则一方必须净赚 2 分才能获得这一局的胜利。

四、比赛时间难以控制

竞技比赛的基本规律表明，双方实力越接近，越需要很长时间决出胜负。在正式比赛中，男子 5 盘赢 3 盘，女子 3 盘赢 2 盘，即为获胜。比赛时间一般为 3 至 5 小时，历史最长比赛时间长达 6 小时以上。比赛当天因为比拼时间太长或对抗太晚而被暂停，第二天继续前一天天比赛的情况时常发生。

五、比赛的整体强度大

在势均力敌的比赛中，由于时间长，选手的体力消耗都很大。在一场双方比赛实力相对均衡的比赛中，男子奔跑距离接近 6 000 米，女子奔跑距离达 5 000 米，挥拍数千次。因此，网球比赛是对体力、意志力、心理等的全方位考验。

六、心理素质要求较高

比赛进行中，教练不允许在任何时候给予运动员指导，即使是做手势，但可在比赛更换场地时给予场外指导。整个比赛基本靠个人独立应对各种突发情况。如果没有良好心理素质，运动员就几乎没有胜算。

第三节　网球运动的价值

一、网球运动的教育价值

网球是古老的体育项目，以健康、高雅而著称于世。随着经济的快速发展，城市居民的闲暇时间增多，参与网球运动的人也越来越多。网球趣味性强、典雅，是力与美的结合，有着独特的魅力，因此有人把它誉为"运动芭蕾"。网球的运动强度根据具体需要可自由控制，属隔网对抗项目，可适合不同人群参与。作为人民群众乐于参与的休闲项目，网球运动具有较高的教育价值，具体可分为内在和外在价值，这两方面相互促进、相辅相成。

（一）内在价值

内在价值，从哲学上理解，就是非使用价值。在教育中，教育促进人类社会发展的活动就是其内在价值。网球教育的内在价值指满足网球受教育者身心发展需求的价值，也称本质价值。根据网球活动对受众的影响，网球教育的内在价值可从终极价值和过程价值两个方面来解释。

1. 终极价值

据马克思的"人的全面发展理论"，网球教育过程是以人为本、以受教育者为中心、以老师为主导的完整育人过程，其最终目的是通过网球促进身心发展。网球是培养人的素养的重要手段，这也是由项目特点决定的。网球是集力量、速度、耐力、敏捷和灵活于一体的运动。在进行网球对抗时，除具备上述素质外，还需有良好的战术。因此，网球不仅能锻炼身体素质，还对思维、道德和行为有积极的影响，能够最终促进人的全面发展。

2. 过程价值

我们把网球训练或锻炼中带给参与者的价值，视为过程价值，具体内容如下：在网球训练中，教师除组织身体活动外，也传授相对应的网球知识，通过对网球知识的感知、体会、理解、巩固、运用与评价，受训者能够提高自身对网球运动的认知和参加锻炼的积极性。网球对抗有很强的技术要求，练习者不仅要对球的方向、旋转、落点和速度做出判断，还要进行反击。技巧练习不仅是学习过程，也是创新过程。网球的学习过程也是增强身体器官适应的过程，它能很好地发挥运动员的臂力和心肺功能，培养他们的战斗和自控能力，提高他们的时空感知力、反应灵敏性和注意集中度。

网球运动是竞技性项目，运动员不仅要有良好的身体素质，还要有较好的心理素质及意志品质。在比赛中，心理素质也是影响比赛胜负的关键因素之一。大负荷的网球比赛需更持久的耐力，对于时间较长、竞赛双方实力相当的比赛，就需要参赛者有良好的意志品质。只有这样才能在比赛中沉着、冷静，在比分落后时仍保持良好的心态，这对参与者适应社会大有裨益。因此，长期进行网球运动，有助于心智的提高和运动素养的形成。

（二）外在价值

网球作为教学活动，不仅是大众网球发展的基石，也是竞技网球发展的基础。就拿学校网球教育来讲，人才需要从小培养，学校为人才选拔提供了场所。因此，学校可培养出人才，为国家提供后备力量。

学校网球教育不仅可使后备力量掌握技能，还能学习其他知识，以提高他们对网球知识的理解能力。竞技网球离不开学校，学校是人才选拔的基础。有了学校的网球基础，竞技网球才能生根发芽。同时，后备人才是否充足，反映了大众网球、社交网球活动和家庭网球的发展程度，对大众的网球运动意识、兴趣和爱好的培养有积极的推动作用。

因此，外在价值是促进受教育者发展和社会进步的属性。在学习知识和技能中的思考、创新和实践能力的培养，能增强受训者对社会的适应能力。

二、网球运动的政治价值

政治进步是社会发展的重要方面。没有政治进步，就没有社会的现代化。维护社会稳定是政治发展的内容。当然，稳定不是维持现状，而是适应社会发展。经济基础决定上层建筑，其核心是国家权力和政治制度。政治价值是指能够满足社会主体政治生存需要的价值。根据上述理论，网球运动的规则和礼仪体现了"以人为本"的观念，能够满足社会主体的政治生存需要，对社会政治生活具有积极的作用。所以，网球具有一定的政治价值。

在市场经济条件下，我国政治价值体系包括体系的一般范畴，即以自由为出发点，追求平等、公平、民主、法治；树立和落实"以人为本"的发展观，促进人的全面发展。下面我们从政治措施和社会稳定两方面对政治体系进行阐述。

（一）作为政治措施的价值

在顶级比赛中，选手将国家荣誉作为重要的参赛目标，比赛的结果掺杂着特殊的政治色彩。在 2004 年的雅典奥运会网球女子双打决赛中，中国选手李婷 / 孙甜甜以 2：0 击败西班牙选手马丁内斯 / 帕斯奎尔获得冠军。这是中国网球史上的第一个世界冠军。她们为国家赢得了荣誉。2011 年澳网女单决赛，李娜获得亚军，创造了亚洲网坛最好成绩；2019 年 1 月 21 日，李娜入选国际网球名人堂，成为亚洲球员第一人。这些突破激发了民族热情，唤醒了民族意识，以独特的方式展示了中国的风貌。

种族歧视自古就有。在美国，这种现象更为凸显，黑人低人一等，黑人和白人在教育、就业等方面存在显著差异。虽然国际组织呼吁平等和相关立法，但歧视仍然存在。例如，大威廉姆斯和小威廉姆斯，女网黑珍珠姐妹，都遭受过歧视。但是，她们通过网球运动为消除歧视做出了积极的努力并取得了一定的成果，这具有标志性的意义。

（二）社会稳定价值

在现代社会，竞争是重要的发展动力。人们可以通过网球来培养竞争意识。网球为人们提供了释压场所，对社会稳定起到了积极的推动作用。在网球运动中，人们自律、有责任感，并在各种规则和道德约束下，挥舞球拍发泄情绪；不同于其他运动，网球是隔网运动，运动员之间没有直接接触。网球可以代替危险的攻击行为，为人们释放压力提供安全阀。

网球竞赛活动可减少犯罪行为。随着社会的发展，许多不稳定因素开始出现并对社会安全构成威胁。随着闲暇时间的增加，犯罪行为在一定程度上呈上升趋势。所以，应让人们意识到网球不仅可以锻炼身心，还可有效地转移多余精力。此外，家庭成员一起参加网球活动，可丰富休闲生活，促进交流，使家庭更加和谐。

三、网球运动的经济价值

经济价值是指事物对人和社会的经济意义。既然经济活动和经济发展是维持社会运行、促进社会进步的基本要素，其价值便是不言而喻的。各种社会经济活动都有一定的目的，各种体现社会价值的活动都围绕此目的进行，并表现出社会价值所决定的价值取向。随着网球的发展，网球产业得到挖掘，其经济价值得以凸显，主要包括以下两方面内容。

（一）直接经济价值

1. 门票及网球产品

门票收入是网球运动最基本的来源之一。门票卖得越多，影响力越大。除门票外，纪念品的销售也是主要的收入来源。例如，2008 年温布尔登网球锦标赛就有纪念品出售。据统计，最畅销的是网球，共售出 2 万筒，其次是 11 000 条男选手毛巾、8 600 条女选手毛巾、8 000 个护腕，以及具有选手签名的网球 6 300 个[①]。

---

① 王立磊，孟丽娜. 网球运动的经济学价值探析 [J]. 通化师范学院学报，2007（10）:110-111.

2. 电视与网络转播

电视与网络转播也是收入主要来源之一。网球比赛有很强的吸引力，而电视和网络对传播有辐射力。随着比赛价值的提高，其转播权的销售价格在上涨。以 WTA 职业赛为例，其从 2017 年到 2026 年共十年的电视转播权已出售，合同金额高达 5.25 亿美元，其经济效益可见一斑。

3. 赞 助

除电视转播，赞助是比赛资金的最大来源，是网球比赛收入的支柱。企业赞助和合作为赛事注入大量资金，促进了网球运动发展。赞助不仅为赛事带来利润，也使作为主角的网球巨星赚得盆满钵满。除赢得奖杯和奖金，他们还有赞助商的巨额广告合同。

（二）间接经济价值

举办大型比赛，除通过出售门票和产品获得直接经济效益外，还有间接效益：设施投资不仅为比赛提供了便利，也为当地建筑、房地产等行业注入了活力；游客也为旅游服务业增加了收入。此外，随着环境的改善和举办地知名度提升也会吸引更多投资。通常，举办比赛的间接经济收入大于直接经济收入。

1. 相关产业收入

举办大型网球比赛，除门票、电视转播等直接效益外，还会给举办地带来游客，间接推动酒店、交通、零售等行业发展，带来可观的收入。

2. 旅 游

网球不仅是一项运动，也是促进经济发展的手段，它还可以开辟新服务业，促进旅游发展。除经济效益，其也为民俗文化传播提供了机遇。

四大赛事举办地纽约、巴黎、伦敦、墨尔本，不仅是文化聚集地，也是旅游的重要窗口。网球发源地巴黎不仅是时尚之地，也是网球之都。纽约，是一座激情"不夜城"。伦敦是购物天堂，拥有众多博物馆，包括温布尔登草地网球博物馆。墨尔本，是一座充满阳光和激情的城市，其市内哥特式小巷里的餐饮、教堂街的购物、圣科达的海滩，无不令人神往。

四、网球运动的文化价值

文化价值是指在一定的社会条件下，以文化理念的合理存在来引导社会精神需求。对于现代社会来说，文化显然注重开放、交流和未来，以形成全球多元化文化，同时保持特色，满足社会对文化的需求。网球发展在吸收和融合不同国家精华文化的同时，又保留特色，与社会发展同步，既具有全球性，又符合网球文化发展需求。

不同文化对人的影响不同。文化规则和模式之所以能够形成，是因为其有价值观。网球亦如此，它具有文化价值。网球文化是体育文化体系的子系统，结构决定了网球文化只能是体育乃至网球大文化的延伸。但是，网球拥有独特的文化体系，由于地域和民族的差异性，中国网球公开赛和四大满贯赛事具有不同的文化内涵。

（一）文明、高雅的礼仪文化

网球起源于 12 至 13 世纪的法国。经过几个世纪的洗礼，它成为高雅、文明的运动，并得到了传播。网球之所以被称为优雅的运动，源于它的礼仪和规则。规则不仅是对选手和观众的约束，也是一种传统文化的表达。

当场上有比赛时，其他人员应尽量不走动以免打扰到参加比赛的选手。如果要穿过球场，可先等待，等球变死球后快速通过；当无意间使球打到对手或得到运气分时，要向对手表达歉意；准备发球之前的常规动作是确定对方已经准备好。微细之处，体现的是修养，也是良好习惯。

网球文化展现出的是行为文化，网球礼仪对球员和观众行为有一定的规范作用，这对球员及观众素养的培养具有积极的影响。网球教学中展现的诚实、谦虚、协作等文化特质以及和谐的氛围，让参与者体会到，在竞赛中赢得比赛胜利并不是真正胜利，赢得观众和对手尊敬才是真正的赢家，这也是网球文化的精髓部分。这些文化特质所释放出来的信息必将感染参与者，促进其行为举止的文明，进而为社会培养更多文明有礼、具有较高素养的人才。

（二）提高社会道德水平的规范文化

职业道德和规则的约束不仅是比赛的一部分，也是社会道德的反应。网球的精神和道德具有文化价值。在友好比赛中采用信任制不仅是比赛所需，也是倡导"公平、民主、诚实"观念的必然结果。通过特定的规范，使网球产生特定的社会价值取向，这意味着从业者行为得到了规范。

网球已经渗透到人们生活中，并成为一种生活方式、教育手段。这对激发青少年兴趣和爱好产生了积极影响。它所创造的文化为人们提供了健康、文明、优雅的生活方式。

（三）提高审美意识的情感文化

美是指特定要素的美，它可以唤起人的美的感受。审美价值指能唤起这种特殊内在心理感受的属性。网球的各种因素具有不同的审美价值。网球选手的体态美、着装美、技战术美、意志美，以及环境美，都从不同角度体现了网球美感。体育美是人类通过体育实践，在客观世界中以鲜明形象展示"真"与"善"的过程。体育美涵盖运动美、身体美、意志美等方面。网球运动审美享受不仅表现在精神方面，还体现在技战术和专项素质上，其带给我们不同于其他项目的感受，根据美及体育美的理论，网球审美文化体现在以下方面。

1. 人体美的创造

在现代社会，科学发展不仅提高了生活水平，还简化了获取生活资源的过程，使人类长期局限于固化动作。随着 5G 时代的来临和智能手机的应用，大部分人体质下降、体态畸形。现代劳动方式呈现智力劳动增加趋势，所以增强体育锻炼是非常必要的。

网球集力量、速度、耐力和灵活于一体。运动员的力量具有爆发力主导的非周期性肌肉活动特点，尤其是手臂、臀部和腰腹的肌肉曲线，充分展示了体态美；速度包括瞬间思考、判断和快速反应，根据战术需要的位移速度，以及冲刺中随时完成各种击球的动作速度，向人们展示迅捷美；灵敏体现了技术和素质的融合，除要求参与者短时间做出判断外，还要求参与者在完成动作的同时，处理好身体与球的关系，展示了应变美；高压球、发球、跑动、救球等技术对柔韧性提出要求，突出体现在髋、腰、膝等关节及周围肌肉、韧带的拉伸能力，展示了柔性美。

2. 视觉上的享受

网球不仅是比赛，更是视觉盛宴。其特殊的美感体现在以下两个方面：放小球像蜻蜓点水般柔美，动作要求协调和精细；优秀运动员的肌肉像精致的雕像一样丰满匀称。网球通过生动、形象、具体的形象来取悦观众，使直接参与者和观众都可获得精神愉悦和视觉享受。

澳大利亚夏季网球赛是选手备战澳网的最佳选择，比赛环境也令人神往。霍普曼杯的举办地珀斯有白色沙滩、海边街道、葡萄园；布里斯班国际锦标赛和霍巴特莫里拉国际锦标赛的参与者可以享受在德文特河上航行和攀登惠灵顿山；澳网参与者可在圣科达海滩游泳。美网公开赛的举办地，纽约法拉盛公园有516公顷的草地，潺潺湖水和海鸥极具观赏价值，公园中心还矗立着世界上最大的地球仪。这些优美的环境让人流连忘返。

3. 意志品质美的传播

激烈的比赛不仅对运动员技战术和体力有重要考验，也对意志提出了更高层次的要求。网球不同于其他运动，其根据具体情况比赛时间长短不一。例如，法网公开赛采用五盘三胜，一场比赛经常耗时四小时以上，这非常考验选手的体力，也需要有打硬仗的实力和心理品质。

网球运动的特殊性还表现在球路的多变性上，其要求选手灵活多变，尽最大努力去适应肢体的运动要求。一场比赛对选手来说是具有艰难性和挑战性的挑战过程，对观众来说是美的熏陶。选手在比赛中表现出来的意志必将让观众有所感触，让他们认识到意志力的巨大作用，感受到人类旺盛的斗争精神和一往无前克服困难的勇气。

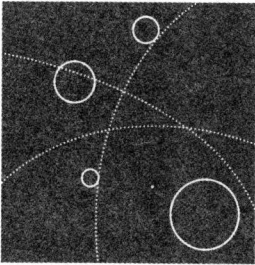

第五章

羽毛球运动及其价值

第一节　羽毛球运动概述

一、羽毛球运动的起源与发展

（一）羽毛球运动的起源

1. 羽毛球运动的雏形时期

现代羽毛球仅有100多年的历史，但世界上很多国家早就有了类似的游戏。据《大不列颠百科全书》记载，最早的羽毛球游戏至少在2 000年前就在中、日、印等国家流行。虽然不同的环境和民俗赋予了它不同的名称，但是形式和性质上几乎是一样的。[①]

据《民族体育集锦》记载，中国在远古时期就有类似羽毛球的运动，如贵州苗族运动——板羽毛球或板毛球、打手键，都与羽毛球相似。板羽球是用木板拍打鸡毛键的游戏。打手键在板羽方式和规则上类似于板羽球，不同的是打手键是用手来拍击的。从游戏形式、内容到名称上分析，打手键和羽毛球有密切关系。[②]

14至15世纪的日本，有一种游戏是用木板做拍，在樱桃核上插上羽毛做球，类似于板羽球。因为樱桃核太重，球速快，易损坏，且工艺复杂，游戏没有传播开来。

印度在18世纪出现了一种叫普纳的游戏，和羽毛球很像，被认为是现代羽毛球的雏形。羽毛球由直径约6厘米的圆形纸板或羊毛编织，中间有羽毛。游戏开始时两人面对面站着，练习者拿着板子在轮流击球。1840年，英国驻扎在普纳的军官改进此游戏。用酒瓶上的软木塞做球头，

[①]　邢瑞峰，缪丽丹.羽毛球运动历史沿革 [J].体育科技文献通报，2014，22(6): 6-7.
[②]　王志远.简析羽毛球运动的起源、特点及技术训练 [J].当代体育科技，2012，2(5): 28-31.

插上羽毛，用酒瓶打来打去，后来在印度军官中逐步流行起来。[①]

2. 现代羽毛球运动的诞生

现代羽毛球运动起源于英国。据记载，世界上首个关于羽毛球运动的规则是 1873 年在印度普纳起草的，故称为"普纳规则"。较为完善的规则出现在 1886 年的英国。1893 年英国成立第一个羽毛球协会。1899 年，伦敦举行了首届羽毛球比赛，称为全英羽毛球锦标赛。这个比赛持续至今，有很高的知名度和社会评价。因此，国际体育界认为现代羽毛球源于英国。

自从现代羽毛球运动在英国诞生以来，它的传播速度非常快，从不列颠群岛传播到英联邦国家，然后到美、亚、大洋洲，最后到非洲，成为深受全世界人们喜爱的体育运动。

（二）羽毛球运动的发展

1. 开创时期：欧美国家的垄断

始于 1899 年全英羽毛球锦标赛是具有开创性的比赛，其冠军被公认为世界羽毛球冠军。在已举办的全英羽毛球锦标赛中，前 39 届冠军都是欧美选手，大部分是英国人。虽然他们的打法比较单一，但技术水平处于领先地位。1939 年，丹麦、加拿大等国的运动员向英国运动员发起强有力的冲击和挑战，打破了英国参赛者称霸羽坛的局面。在第 36 届全英羽毛球锦标赛中，英国选手仅获得 1 枚混双金牌。在 1947 年的第 37 届比赛上，丹麦获得 4 个单项冠军，第二年获得了 5 个单项全部冠军。美国羽毛球也后来居上，在 1949 年全英锦标赛首夺男单冠军后，女单在前三届尤伯杯上实现，在惊人的"三连冠"。[②]

2. 20 世纪 50 年代至 60 年代中期：亚洲的崛起

从 20 世纪 40 年代末到 50 年代初，亚洲羽毛球开始起步。在 1948 至 1949 年举行的第一届世界男子羽毛球团体赛（汤姆斯杯）中，亚洲羽毛球开始发力。马来西亚击败美、英、丹麦夺冠，打破了欧美对羽毛球的垄断。欧洲和亚洲在羽毛球比赛中的竞争越来越激烈。整体特点是欧

---

① 韩春芩,丁玉兰.羽毛球运动的起源 [J].体育文史,1998,16(3): 65.

② 戴俊.羽毛球运动产业化发展研究 [J].体育科技文献通报,2021,29(1): 8-10.

亚对抗，亚洲领先。欧洲从未在羽毛球团体项目中获得过汤姆斯杯、尤伯杯和苏迪曼杯的冠军。

20世纪50年代末，印尼开始崛起。他们在吸收欧亚技术基础上，加快击球速度，注重控制落球点的位置，在稳、准的前提下发展快攻，在第四届汤姆斯杯上击败马来西亚夺冠。此后，印尼先后获得第五、六届汤姆斯杯冠军，创造了"三连冠"。从1958年到1979年的20年间，印尼在8届汤姆斯杯羽毛球赛中获得了其中的7次冠军。印尼的羽毛球从20世纪60年代到90年代一直在世界羽坛独占鳌头。

这一时期，马来西亚和印尼选手主要通过拉、吊的方式来控制落点，主要代表人物是马来西亚的王炳顺和庄友明。他们连续三次为马来西亚夺得汤姆斯杯冠军。从1958年开始，羽毛球开始向快速灵活的方向发展。

20世纪60年代后期，中国羽毛球开始快速发展。中国羽毛球运动员在学习欧亚战术的基础上，进行了大胆创新，创造了独特的方法。在"快、硬、准、活"风格和"以我为主、以攻为主、以快为主"的指导下，在双边比赛中两次击败世界冠军印度尼西亚队，以及丹麦、瑞典等强队。由于当时中国没有加入国际羽联，无法参加正式比赛，所以在此期间，中国羽毛球被誉为的"无冕之王"。20世纪60年代末至70年代初，羽毛球界开始关注中国技术，注重速度和进攻，并开发新打法和制胜方略。

这个时期是羽毛球技、战术的全面发展期。男子技术优势从欧洲转移到亚洲，形成了亚洲人称霸世界羽坛的局面，这是羽毛球战术的第二次飞跃时期。

3.20世纪80年代：羽毛球快速发展

20世纪70年代到80年代，羽毛球运动进入了亚洲时代。1981年世界羽毛球联合会和国际羽毛球联合会合并后，推动了这项运动的发展，而亚洲羽毛球运动员在世界羽毛球运动中占据主导地位。男子以中、印、韩、马来西亚为首，女子以中国、印尼、韩国、日本为首，几乎垄断了汤姆斯杯、尤伯杯等赛事冠军。亚洲运动员在原有基础上，全面提高反控制能力，即打法更全面、多样、特长突出、攻守兼备，进入世界羽毛球史上的巅峰时期。羽毛球技、战术进入全面发展时期，为该项目进入奥运会做好了铺垫。①

经过一百多年的发展，羽毛球于1992年成为奥运会的正式比赛项目。

20世纪90年代，出现了以中国的唐久红、黄华为代表的优秀运动员，这表明女子技术更接近男子，竞争更激烈。此阶段为羽毛球技、战术第三次飞跃时期。

4. 21世纪以后：羽毛球的多元发展

21世纪之后，世界羽坛的格局为欧亚对峙，亚洲略微领先。

亚洲打法：主动、快速、进攻，配合全面、多变、突击、拉吊、拉打。

欧洲：利用高大强壮的身体，从控制底线转变为强调主动进攻，突出发球抢攻以下压控网。

总之，羽毛球将朝着更加多元的方向不断发展。

二、羽毛球文化的发展

羽毛球是一项高雅的运动。它不仅是文化的一种体现，也是艺术的展示，它涵盖了智慧、勤奋、绿色和商业元素。羽毛球是这些元素的综合体，以锻炼和比赛的形式外化。通过参加羽毛球运动，人们逐渐创造了羽毛球精神文化、物质文化、行为文化和制度文化，包括价值观、自我意识、技术、战术、理念、规则及发展的物质元素。羽毛球运动始终处于演变中，并在演变中逐渐实现了文化的积淀。体育文化是社会文化的分支，其发展必然受到社会文化的制约。体育文化能在社会文化进步中发挥其独特作用，社会文化也制约着体育文化的发展和进化。

人们在羽毛球运动实践中创造的精神和物质财富的结合，成为羽毛球文化的内涵。羽毛球文化包含显性元素，也包含隐性元素。显性元素包括场地、球拍、球等；隐性元素涵盖广告、感受、产品销售。羽毛球

---

① 肖婷．日本羽毛球崛起对我国羽毛球发展的启示 [J]．广州体育学院学报，2019，39(3)：87-89.

虽然是小球运动，但对文化交流具有重要意义。羽毛球文化可分为三类：竞技文化、大众文化和衍生文化。其核心是竞技文化。羽毛球竞技文化是道德、智慧、健康和艺术，对大众文化、衍生文化的发展起推动作用。大众文化是社区文化的组成部分，是健身、娱乐活动。衍生文化是大众文化不可或缺的一部分。

羽毛球文化按逻辑分为四个层次：精神文化、物质文化、行为文化和制度文化。精神文化涵盖价值取向、职业道德、思维模式、科学知识、指导思想、社会环境和文化氛围。物质文化指球、器材、场地、服装、鞋、书籍、标志物、名称、纪念品、门票等实物。羽毛球行为文化指训练、比赛、技战术、媒体、观赏、教学、科研等。羽毛球的制度文化指人才培养制度、教学与训练机制、组织机构、管理方法、正式规则、惩罚制度等。

综上，羽毛球文化内涵非常深刻。羽毛球运动目标是改善和促进人的身体机能。这项运动具有完整性和自主性的特点。此外，羽毛球与经济、政治有着密切的联系。

三、羽毛球运动的发展趋势

（一）"快"是羽毛球运动的核心

"快"主要体现在羽毛球运动员的体能和技战术上。技术是快的基础，快是目的。通过分析以往比赛结果发现，"快"已经演变成羽毛球运动的核心。但球速快是相对的，其与灵活密不可分。如果一味强调球速，反而达不到想要的效果。

（二）"全面"是羽毛球运动的基础

全面性并不局限于技术、体能和控球，还体现在思想、意志和心理上。分析历年奥运会、世锦赛冠军数据发现，每届冠军的主动得分率均有所下降，主动失分率逐渐上升。得分率的下降，说明优秀运动员技术、战术、体能等全面加强。主动失分率上升说明运动员的心理素质有待提高，参赛选手年轻化可能是主要原因。

（三）高空优势是羽毛球运动发展的必然结果

对于羽毛球运动来说，具有高空优势的选手更可能抢高进攻。击球点高，能增加对手回击的难度和移动的距离。身高是形成高空优势的条件之一。与弹跳相比，身高优势缩短第二次进攻的时间。一般来说，运动员上臂围度指标的因子荷载大，肌肉的横截面积越大，力量越足，爆发力越好。

当然，此指标和运动员的肌肉发育情况有关系。速度是多种因素作用的结果，运动员高大健壮的体态在单打中起重要作用。综合男单和女单冠军的身高，发现高空优势符合羽毛球运动的发展方向。

第二节　羽毛球运动的竞技特征

一、简便性

（一）不受场地的限制

羽毛球运动对装备的要求很简单，只需两个球拍、一个球和一条绳索。比赛场地面积为 65 到 80 平方米，平时只需要有平坦的空地即可。风小的情况下，可以在户外活动。只要把绳架起来，就可以在一定长度和宽度的空地上画线，两边都可练习。因此，羽毛球运动不仅可在室内进行，也可在生活区进行。在户外运动时，锻炼者不仅可以呼吸新鲜空气、晒太阳，还可以间接补钙和愉悦身心。

（二）不受人数限制

羽毛球既可单打（两人训练），也可集体作战（双打练习或三对三训练）。单独练习时，可随意打出任意弧度、距离、力量、速度、落点的球；集体对抗可培养练习者的团队协作意识。

（三）不受年龄、性别限制

羽毛球运动的趣味性很强，运动量可大可小。强壮的年轻人可把球打重，尽最大努力接发任何一个球；年老体弱练习者可轻轻击球，达到延年益寿的效果，既锻炼身体，又娱乐心情。不同年龄、性别和体质的人都可获益。

二、普及性

从羽毛球运动的场地来看，没有严格限制，有空地就可，室内室外都行，所以羽毛球普及性强。对于喜欢运动的人来说，羽毛球易于携带，随处可以找到场地。羽毛球不仅是具有技巧性的竞技项目，也是趣味性强、普及面广的群体项目。

羽毛球运动几乎适合所有人，满足不同年龄、训练水平的球迷需求。对儿童来说，羽毛球可以提高身体协调性；对青少年来说，羽毛球可以培养运动兴趣、生活意识和终身体育的习惯；对于成年人来说，羽毛球可以缓解工作压力；对老年人群体来说，适度运动强度的羽毛球往往有助于参与者的身心健康和心情愉悦。

三、多样性

羽毛球战术变化多样。打羽毛球时，从单一的击球手法和移动步法来看，有一定规律。但由于来球方向、角度、弧度、长短、力量等不确定因素，球的落点具有可变性，运动中没有固定的模式，所有技战术都是在动态中完成的。在同样的情况下，我们可用不同方法处理。另外，由于不同选手的素质和习惯不同，增加了这种不确定性。

百变的战术为羽毛球增添了魅力，但也要求选手具备全方位的能力。选手须在极短时间内，运用跨步、跳步、起跳等，向来球的方向移动到合适位置，用前场、中场、后场等技术将球进行回击。受不确定性因素的影响，速度与耐力成了羽毛球运动的基础条件。因此，运动员要取得理想成绩，须重视体能训练。

四、观赏性

球技的千变万化使羽毛球更加具有观赏性。赛场上，选手们生龙活虎，拼尽全力去救一个看似不可能回击的球，进攻时如猛虎下山，防守时反应迅捷，一切都在展示该运动的独特的美，使观赏者心旷神怡，流连忘返。

五、娱乐性

运动员在赢得好球时会体验到成功的喜悦，不小心失误时，总会感觉到遗憾，但优秀的选手会恢复心态去赢得下回合的优胜。比赛中，球的飞行有速度、距离、高度、漂移等的差异，这使运动充满了不确定性。运动员优美的姿势给人以美感，能陶冶情操，调节心绪。同时，体育锻炼可缓解压力，提高身体免疫力，让人感到放松和愉悦。观众也可通过观看比赛来放松心情，体验运动的乐趣。

第三节　羽毛球运动的价值

一、羽毛球运动的生理价值

在生理价值层面，参与羽毛球运动的限制条件很少，所以在促进体质健康方面具有一般价值（本书第二章已经详细阐述了足球的一般价值，两者在这方面具有类似价值，此处不再赘述）。

（一）羽毛球运动对颈椎病的防治作用

颈椎病是指因颈椎间盘退变，或椎间盘突出、韧带增厚、血管受刺激或压迫引起的一系列临床综合征，表现为颈肩痛、头晕、头痛，严重者甚至会瘫痪。

颈椎病是临床常见病，严重影响生活质量。近年来，随着"低头一族"的增加，发病年轻化。专家预测，未来50年，颈椎病将取代腰腿痛，成为骨伤科重要疾病。主要危险因素是伏案工作、脖子冷、缺乏锻炼。

运动可降低患颈椎病的风险。羽毛球作为成熟运动，运动量可大可小，是全身都参与的运动，能促进体内的血液循环，能调动颈部、肩部、背部等活动，尤其是颈部和背部，所以羽毛球适合颈椎轻度退变的参与者。无论是参加比赛，还是一般性活动，都需要保持移动、跳跃、转身，全身协调跑动。头部要时刻注意球的朝向，颈椎会随球的位置变化而运动。

羽毛球可重建颈椎平衡，增强颈背力量，改善韧带，防止退变，这些都表明羽毛球对轻度颈椎病有一定疗效。羽毛球可增强颈背力量，防止椎间盘退变，减少炎症，适合颈椎退变的参与者进行伤病的预防和康复性锻炼。

（二）羽毛球运动对肩周炎的防治作用

肩周炎由肩关节周围肌肉、韧带、肌腱、滑囊等的损伤和退化引起，是一种慢性无菌性炎症。按形成原因，肩周炎可分原发性和继发性两种。肩关节是人体活动范围最大的关节。关节囊疏松弛，关节的稳定性大部分靠肌肉、肌腱、韧带维持。由于肌腱血液供应差，随年龄增长会发生退行性改变，加上生活中肩关节活动频繁，周围软组织受到挤压，容易造成慢性劳损，形成原发性肩周炎。打羽毛球是预防肩周炎的有效方法。打羽毛球的时候，无论是用哪只手打球，在挥杆的时候都会使肩关节、肘关节、腕关节等运动起来。

抬起手臂用力扣球，使肩关节处于前屈、外展等状态，可充分发挥肩关节的功能，有利于治疗肩关节功能障碍。在羽毛球运动中，虽然只用一只手接球，但人体是一个整体，对应的手也须满足需要，做辅助、对称活动，这样就会使双肩得到锻炼。针对不同的肩周炎，需要通过不同的治疗手段来缓解。当病人能够进行康复锻炼时，才能参加羽毛球运动，刚开始只能做轻微的动作，当外旋、外展、前屈、内旋等达到一定活动幅度和范围后，才能抬手扣球。肩周炎的康复需要数月的持续锻炼，即使完全康复后，也须长期坚持，以保持肩关节的功能。

具体练习方法：每天练习一次，每次 0.5 至 1 小时，运动强度需要锻炼者根据自身情况来把控，但要适度。在各种击球姿势中，保持一定的扣球量，以最大限度增加肩关节周围肌肉的活动量。

二、羽毛球运动的心理价值

羽毛球运动的参与人群比较广泛，所以在心理上，羽毛球运动除能够减轻焦虑状态、塑造健全人格外，还体现在以下几个方面。

（一）羽毛球运动与价值观、竞争意识的培养

1. 羽毛球运动对价值观念的影响

价值观是文化观的核心，是文化精神的体现，指的是人们对社会活动的价值判断或取向。尤其对年轻人来说，正处于世界观形成期，这一时期对他们未来的职业选择、生活态度具有重要意义。羽毛球运动以取胜作为终极目标，且有统一的标准（输赢、优劣）。经常参加羽毛球运动可培养年轻人良好的行为、积极的态度和正确的价值观，从而为他们适应社会做好铺垫。[①]

羽毛球可提升人的进取观。每位世界冠军，都是经过艰苦磨难才最终获得胜利的。冬练三九，夏练三伏，羽毛球能让人感受成功喜悦。因此，羽毛球活动是培养进取型人格的良好途径之一。

2. 羽毛球运动有助于竞争意识的培养

竞争意识是现代人的重要素质，是支配人的行为的心理活动。在现代社会，谁竞争意识强，谁就有生存优势。羽毛球比赛讲究优胜劣汰，因此可以激发人的拼搏精神，而拼搏精神具有迁移性，可应用在各个领域。因此，参加各种羽毛球活动和比赛，可提高人们的竞争意识，为适应社会的竞争环境奠定基础。

（1）羽毛球运动对提高竞争意识的深刻影响。首先，可以为社会营造充满活力、积极向上的氛围，帮助参与者树立正确的价值取向；其次，可激励练习者进步，培养他们吃苦耐劳的品质，提高身体素质和技能。

---

① 王建民 . 高校羽毛球教学的价值分析与创新教学途径研究 [J]. 创新创业理论研究与实践，2018, 1(22): 45-46.

此外，他们还可接受竞争规则教育的洗礼，如严格执行规则、公平竞争、遵守纪律、尊重他人等。

（2）羽毛球运动对竞争能力的培养。羽毛球要求练习者表现出高水平的体能、技能和战能。因此，运动员要想有优异的表现，就须进行艰苦训练，从而具备勇敢、坚韧的基本素质和能力。这些素质和能力也是当今社会竞争人才必须具备的。因此，通过羽毛球练习和比赛，参与者一定会在激烈的竞争中提高生存能力。[①]

（二）对协作意识及社会角色的影响

1. 有助于协作意识的培养

协作意识的培养方法有很多，羽毛球运动是其中具有代表性的一种。具体表现在以下方面。

（1）克服极端个人主义。极端个人主义以个人为中心。在认知上，关注自我；在对待事物上，是占有；在交往中，是利己；在与他人的冲突中，是排他；有时为满足自己的利益甚至不顾一切。这种思维的产生是由于缺乏对自己的正确认识。一个人不可能孤立地生活在世界上，他总是需要与人交流与合作。在交流与合作的过程中，需要遵循人性、正义、互利、尊重的原则。如果坚持以自己为中心，就无法实现真正的合作。羽毛球运动，尤其是双打项目，需要伙伴的理解和支持。个人主义行为会导致失败的结局。所以，羽毛球运动可以增强配合能力。同时，这对消除极端个人主义大有裨益。

（2）克服冷漠心态。冷漠是一种内隐性的消极心态，常伴随着失望和孤独。冷漠的主要特征是自我孤立、封锁、压抑；怀疑，漠视，回避；害羞、抑郁、退缩。这种人既不愿意与人交往，也不善于合作；不仅缺乏交流热情，也缺乏合作技能。所以，只有克服冷漠，才能与人合作。羽毛球可迫使冷漠的练习者与其他练习者打交道，在羽毛球运动中，参与者逐

---

① 安维强 . 羽毛球俱乐部联赛在群众性羽毛球运动发展中的价值分析 [J]. 浙江体育科学，2017，39(02): 69-72.

渐形成了沟通习惯，消除了冷漠感，进而迁移到其他社会交往活动中。①

2. 转变社会角色

社会由具有各种角色的人组成，他们各自履行职责，并拥有特定权利、义务和规范。每个社会角色都代表着相关规范。人一旦扮演了社会角色，就要表现出角色的特征。可以说，一个人要想达到社会要求，取得社会成员资格，就必须有合适的社会角色。而体育可为人们提供尝试一些社会角色的机会。

体育中的角色指个体在因体育而结成的关系中的地位。这种地位有其权利、义务和规范。比如，两个班打羽毛球团体赛，有男单、女单、男双、女双、混双等项目。两团队成员都扮演各自角色，并通过角色产生相应关系。每个参与者都必须对规则有详细的了解，并在活动前了解义务、权利和规范，知道角色具体的职责范围。参与者只有真正理解义务、权利和规范，才能扮演好自己的角色，促进团队的成功。

教练和同伴的批评和指正可纠正角色义务、权利和行为，保证角色扮演的成功。通过参加羽毛球运动，练习者可获得扮演社会角色的机会，进而明白社会角色是一种行为模式，有利于练习者做好自己的工作。也让练习者意识到，通过个人成功扮演各种角色，可以促进社会的可持续、健康发展。

三、羽毛球运动的社会价值

（一）羽毛球运动的商业价值

随着社会的发展，体育运动中商业元素越来越多。比赛的主办方会出售转播权，赞助商会推出商品广告。体育项目的商业化是必然的趋势，因为它既是体育文化的展示，也能使体育运动有资金支持，从而培养更多优秀的参赛者。经济学家认为球类运动也是特殊商品，其价值是不可估量的。运动发展起来后，相关的彩票业、广告业、服装业等都会得到

---

① 陈学钰.羽毛球运动对推进学校阳光体育活动价值的探究[J].价值工程，2012，31(15): 17-18.

一定程度的发展。

羽毛球不仅可丰富人们的业余生活，还可创造社会和经济价值。我国很多城市的羽毛球馆在不断建设，规模进一步扩大。人们热衷于租用场地来进行羽毛球运动，这给体育场建筑企业带来了商机。随着羽毛球赛事的发展，羽毛球相关产品的知名度得以提高，品牌效益得到增强。例如，在 2014 到 2015 赛季中国羽毛球俱乐部超级联赛中，VICTOR（威克多）作为专注羽毛球运动的民族品牌，成为此次比赛的赞助商。中国羽毛球俱乐部超级联赛是国内最高端的比赛，其影响力较大。作为知名企业，VICTOR 通过比赛获得了知名度，提高了商业价值。

广告是一种社会文化现象，可对公众起到引导作用。企业热衷于利用广告来塑造形象、建立品牌、传播理念。体育明星不仅可通过努力在比赛中取得成绩，赢得荣誉，他们本身也具有较高的商业价值。企业会邀请体育明星做代言人，利用他们的巨大影响力来推广产品、宣传企业，互惠互利。奥运会期间，明星对产品的推广尤为明显。聘请体育明星代言，可拉近粉丝和品牌的距离。调查显示，企业选择代言人时，会有一定的标准，如较高知名度，外部形象好，个人口碑佳，成绩突出等。

（二）羽毛球运动的政治价值

虽然现代体育秉持体育与政治相互独立的观点，崇尚"更快、更高、更强"的体育精神，但实际上体育与政治不可分离，反而联系越来越紧密。政治和体育建立了相互促进和影响的关系，体育可获得政治上的支持。当然，体育的性质、价值和体制均会受到政治的制约，而特殊的政治要求也会得到体育主管部门的强力配合。

随着全球化进程的推进，所有国家都要与其他国家进行合作。竞技体育已成为一种特殊的外交方式，能够创造独立、独特的外交环境，实现其他场合无法达到的外交互动。例如，2008 年北京奥运会，全球有205 个地区和国家参加，显示了我国强大的外交能力。外国政要和使节利用这个机会进行了会晤。竞技运动不仅促进了各国的交往，还成为世界和平的载体。体育明星在奥运会上光彩照人，他们不仅确立自己的威望，还成为一个项目、一个国家的象征，对公众的行为产生了很大影响。消费者会选择偶像代言的产品，并积极参与偶像代表的运动形式。体育明星具有较强的感召力，在文化传承、发展和创新中发挥着重要作用。人们提到篮球，就会想到姚明；提起台球，会想到丁俊晖；提起拳击，会想到邹市明……体育明星对粉丝的影响是非常巨大的。

羽毛球运动的普及引发了相关行业的发展。比如，羽毛球服装、器材、场地、鞋、书籍等。当人们有了参加羽毛球运动的需求，这些相关产业就会得到发展，这在一定程度上可降低失业率，促进社会稳定。可见，羽毛球能振奋民族精神，促进物质文明和精神文明的进步。

（三）羽毛球的娱乐价值

竞技运动可激发人们的运动兴趣和热情，增强体质。娱乐是体育的突出属性，羽毛球和类似运动通过战术博弈来体现娱乐。比赛过程和结果都是不确定的，比赛内容具有一定的观赏性。观众和参与者可通过不同层次的锻炼和赛事满足参加体育运动的需求。羽毛球之所以受大众欢迎，是因为其具有较强的娱乐性和竞技性，这两者是吸引参与者的法宝。

随着体育的不断改革，羽毛球运动的形式发生了变化，但其固有的娱乐性始终存在。其娱乐性主要表现在以下方面：选手表现出的喜悦能带动观众情绪；技战术变化会增加不可预测性；赛场的对抗可表现出紧张感；观看比赛可获得情感上的满足和精神升华；选手所表现出来的意志、拼搏和团结精神会激励观众。

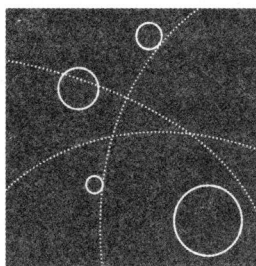

第六章

价值深化：球类竞技运动
文化建设实现路径

第一节 球类竞技运动健身文化建设

一、健身文化建设的需求

（一）全民健身的物质需求

1. 生产力发展的需求

第二次世界大战以后，和平成为世界各国的共识。世界各主要资本主义国家在获得了稳定的国际环境后，开始大力发展本国经济，并取得了一定成效，使其逐渐摆脱了战争带来的创伤。同时，随着科技的发展，劳动者的生产方式发生了变化，脑力劳动和体力劳动在结构上也发生了变化。从农业社会到工业社会，从农业经济到工业经济，从农业生产到工业生产，人类步入现代化的潮流之中。自 20 世纪 70 年代以来，一些发达国家已步入了后工业社会。人类已从传统阶段步入后现代发展阶段。相应地，人们未来将进入以休闲为特征的时代，体育将成为其生活的重要组成部分。[①]

随着社会生产力的发展，人类逐渐从体力劳动者转变为的脑力劳动者，这改变了人类的生物适应能力，从而产生了大量"文明病"。此外，高强度的工作给人带来更多心理压力，使人们情绪不稳、失眠多梦等。这种情况势必削弱人类固有的运动技能。但从某种意义上说，它也使体育运动变得越来越重要。体育运动会适应人类病理机制的突变，缓解这种变化带来的健康危机。因此，体育随着生产力的变革而发展是历史要求，而大众健身是实现这个要求的基本手段。[②]

---

① 傅锦涛.从体育健身角度看校园体育文化建设[J].当代体育科技，2020，10(26)：82-84.

② 贾斌，王保金.新时代体育强国建设的基本内涵和实现路径研究[J].西安体育学院学报，2020，37(04)：30-35.

2. 物质文明建设的需求

物质基础决定上层建筑，这是社会发展的普遍共识。对于全民健身来说尤为明显。根据马斯洛需要层次理论，人只有满足了生存需要，才会寻求更高层次的需要。而体育运动属于中高级层次的需要。试想一个人如果吃不饱、穿不暖，怎会想到花钱进行体育运动？可见，体育须与物质文明建设同向而行。

社会的物质水平决定了体育发展的速度，以及体育事业的内部结构和比重。国外学者对1984年奥运会奖牌分布和国家经济状况进行了研究，发现大部分奖牌由经济水平较高的国家斩获。一个国家的国民总收入、国民平均收入等是体育发展的前提指标。前者可在竞技运动中体现价值，后者对群众体育和学校的体育活动有影响。在当今社会，社会化大生产不断向广度和深度发展，给人们提供了物质和精神财富。人们的生活方式发生了转变，生活质量得到了提高。进入小康社会后，群众的健身需求必将得到重视和满足。①

纵观中国经济，以改革开放为例，中国一直在探索"走出去"和"引进来"的方法，并取得了显著的成就。国民经济呈持续增长的趋势。近年来，在国际经济环境相对低迷的大背景下，中国经济仍继续稳步增长。人民生活水平的提高，使得社会主要矛盾发生了根本性的转变。现代的人们不再只满足于基本生活，而是开始注重生活质量。

（二）全民健身的心理需求

1. 认知发展的需求

现代人的发展越来越全面，智力水平也在不断提高。随着身体素质的提高，人们的认知能力也在加强。健身运动不仅能使人们身心健康，还能促进人类认知能力的发展。各项运动都有一个共同特点：在运动或高速运动中，要求运动员快速感知和判断物体（如球、器械等）的位置，并快速协调身体完成迅捷的反应和回击。长期参与体育锻炼可提高人的

---

① 郑忠文.全民健身视域下皖北城乡基层广场舞文化服务保障体系建设[J].山东农业工程学院学报，2019,36(10): 6-10.

反应速度，使人变得敏锐；有些运动还可训练人的思维能力和记忆力。

2. 情感过程发展的需求

虽然现代社会的物质条件得到了极大改善，但为提高生活的幸福指数，人们还是需要不断努力和奋进。久而久之，人们会有更大的压力，进而产生心理问题。成年人会为了赚取更多的财富而绞尽脑汁；学生会因为无数的考试产生焦虑。通过实践发现，体育锻炼中的情感体验是非常强烈的。成功与失败，进步与挫折，欢乐与痛苦相互交织。这种丰富的体验有利于提高人的情商。所以在生活中，人们也可通过参加球类训练和竞赛来改善和调节不良情绪。

3. 意志品质培养的需求

意志品质是一个人按照自己的信念、知识和行为方式进行行动的品质。意志品质是在克服困难的过程中培养起来的。体育是不断经历失败，不断寻求取胜之道的运动过程。既然冠军只有一个，自然决定了大多数都是失败者。失败是体育运动中的一部分，不是意外或不幸。如果能把失败的经历和心理调整迁移到各种活动中，就能使人正确对待失败，并找到成功的正确途径。

4. 人格发展的需求

体育锻炼能发展人的全方位能力，包括协调能力、思维能力、合作能力和应变能力，还能磨炼人的意志，使人坚强、坚毅。在体育锻炼中，人们可以展现自己的体育才华，培养合作能力，增强团队意识。

在体育运动中，参与者要学会控制自己的情绪，学会延迟满足需求，从而使自己的个性更加成熟。运动也是增加人与人之间沟通的途径。通过与他人的接触，人们会忘记烦恼和痛苦，消除孤独。如果将这些效应迁移到社会生活中，更能促进成人格完善。

（三）全民健身的社会需求

随着世界和平形势的演进，生产力水平的提高，科学技术不仅从根本上改变了生产方式，还改变了人们生活方式。生活方式与人们的健康密切相关，生活方式的变化，包括生活内容、领域、节奏、习惯等的变化，都会引起个人，乃至社会的健康问题。

一方面，生产模式从过去单调的肢体运动模式向更加自动化、高度脑力化转变。但这并不意味着现代劳动降低了素质要求，相反，现代社会对人的素质提出了更高要求，劳动者不仅需要知识和技术，还需要充沛的体力和精力，才能灵活、准确、协调地为生产活动服务。在体育锻炼中，各种运动方式，既提高了劳动者的身体素质，又发展了他们的心理素质，最终提高了社会生产力。

另一方面，生活方式是在社会快速发展的背景下形成的，在给人们带来益处的同时，也带来了影响人们身心健康的隐患。而运动是预防、降低这些隐患的途径。适度参加体育活动，不仅能弥补运动不足，还能使人们增强体质，提高协调性、敏捷性、力量、平衡等身体素质。因此，体育运动对提高人们承受现代生活压力的能力、降低生命风险具有现实意义。此外，研究发现，经常参加运动可促进体内内啡肽等"快乐素"的分泌。这些物质能够调节情绪，达到缓解、释放由于紧张而造成的种种压力，从而预防、减少"文明病"的蔓延。

21世纪，科技将飞速渗透到各个领域。科技引起的产业变化，会给竞技运动功能的发挥留下更大的空间。人们生活方式的改变将对竞技运动提出新的要求，体育将成为社会可持续发展的重要组成部分。体育锻炼是健康生活方式的四大基石之一。这里的"四大基石"是指合理饮食、戒烟戒酒、心理平衡、体育锻炼。参加体育锻炼可疏导人们被压抑的情绪，缓解心理失衡；同时，通过体育锻炼，人们的身心可在得到更好的调节。[1]

随着社会的进步，体育运动不断向更高的层次推进，但这种发展须建立在社会良性运行的基础上。在我国进入新时代的大背景下，体育运动不仅为健康、文化、娱乐的发展提供了空间，也促进了社会的健康、可持续发展。

---

[1] 袁丹.社区体育健身服务现状分析[J].中外企业家，2019, 36(6): 31-33.

二、全民健身文化建设中球类运动优势

（一）球类运动在全民健身中的群众基础优势

球类运动本身具有非常多的优点，其对健身人群身体素质的提升非常明显，因此球类运动的受众范围很广。球类运动是非常合适全民健身的项目，是实施全民健身计划的一项基础因素。

以羽毛球为例。羽毛球起源于英国，并迅速传播至全世界，受到许多国家的重视。羽毛球传入中国后，也成为国家高度重视的项目，深受群众喜爱。直到今天，羽毛球在中国仍然有广泛的群众基础。羽毛球老少皆宜，运动量可以根据个人的年龄、体质、水平以及场地特点来进行调节。显然，球类作为具有大众亲和力的项目，对全民健身文化的建设大有裨益。

（二）球类运动在全民健身中的普及推广优势

随着生活方式的变化，球类竞技运动进入了更多人的生活，成为人们生活的重要组成部分。对于上班族来说，球类作为一种休闲娱乐运动，已成为缓解疲劳、保持身心健康的首选。为继续培养人们的健身意识，促进全民健身计划的顺利开展，国家和各级政府投入了大量资金建设健身设施。

全民健身工程的配套设施改善了锻炼条件，但也产生了一些问题。有的城市健身设施太少，不能满足人们日益增长的健身需求。体育运动的开展受场地、器材等的限制，但球类运动较少受这些因素的制约，因为简单球类只要有一个球，就可以一个人进行技术练习，人数在6、8、10甚至更多的时候，可以分组比赛，非常方便。为适应全民健身，软式排球、五人制足球、三人制篮球等开始进入大众的视野。以多样的形式吸引了不同年龄段的人群参与其中。

（三）球类运动在全民健身中健康身心的动态优势

不可否认，参加球类运动既是健体过程，也是锻炼意志、促进良好性格形成的过程。球类作为对抗性、技巧性运动，能有效提高参与者的

五大身体素质（力量、速度、耐力、灵敏和柔韧）和各种技能，对人体的身心健康起到积极作用。

球类运动是有益于心理和生理健康的运动形式，它对抗性强、技术要求全面、强调集体性、注重攻守平衡。经常参加球类运动，可促进青少年群体各器官系统的正常发育，使人动作灵活、反应迅速。球类运动及其衍生形式不仅可锻炼人的神经系统，还可提高人们对快节奏生产方式的适应能力。一些社会调查表明，经常参加体育运动的人更能表现出自控力、坚韧、自信、合群。大多数球类运动是有氧运动，会消耗大量能量，起到减肥作用。随着参与者技术提高、球感增加、动作协调，还能锻炼他们的脑、手、脚协调能力。

在现代社会，生活内容非常丰富，但生活节奏的加快会使人承受过重的负担，逐渐削弱人与人之间的感情，于是无休止的心理问题成为现代和会面临的难题。参与球类竞技可以使人们暂时抛开烦恼，将注意力放在球上。此外，通过比赛，还能培养参与者勇敢、坚毅、果断等优良品质。

三、健身文化建设的思考与路径

（一）注重观念和习惯的形成

1. 提高人们的体育意识和体育价值观念

体育价值观的建立是促进人们参与球类运动的必要条件，而人们的体育意识和价值观取决于两个重要前提，即人们对身体重要性和运动作用的认知水平。人们对运动的认识，从坚持锻炼开始，经历了非常复杂的过程。这个过程主要包括学习知识和方法→形成意识→实施行为→获得成绩。因此，体育意识和体育价值观对明确锻炼目的、促进锻炼行为有重要的意义。[①]

2. 强化人们运动健身的动机

目的是行动所要达到的结果，动机是行为的内在力量。人的一切行

---

① 王浩淼.围绕"六个身边"构建全民健身新路径研究 [J].体育文化导刊，2018(11): 51-56.

为总是从动机出发，为了满足人的各种需求而产生的。对于不同年龄的锻炼者来说，要加强身体素质引导，同时要把运动目的和正确的人生观联系起来。

3. 注意兴趣的培养和习惯的形成

球类健身的热情来自正确的动机，对球类运动本身的兴趣是最重要的原因之一。当人们对球类运动产生浓厚兴趣时，总是以积极态度参与其中。兴趣可分为直接兴趣和间接兴趣两种。直接兴趣是对锻炼本身感到需要而引起到兴趣，间接兴趣不针对活动本身，而是对健身锻炼未来结果产生的兴趣。这两种兴趣可相互渗透，都有利于体育运动的顺利开展。在引导人们进行锻炼时，一方面要使锻炼内容丰富多样；另一方面，要注重培养人们对体育的间接兴趣。

兴趣可诱发自觉的锻炼，同时会养成锻炼的习惯。这是长期强化兴趣，坚持锻炼的结果。只有把体育锻炼融入个性化计划中，使其成为生活的一部分，才能形成稳定的锻炼习惯。

（二）体育锻炼的全面性与适量性相结合

体育锻炼的全面性是指通过球类运动使身体形态、机能、素质和心理等得到全面发展。人体的各组织、器官和系统之间是相互联系、相互制约的，是一个有机的整体，这意味着身体某方面的变化会对其他方面的发展产生影响。因此，我们要注意身体的全面锻炼，以实现机体的协调发展。

由于人体是一个有机的整体，它决定了身体的某方面出现衰退，就会对其他方面产生影响。生物学中的"用进废退"也告诉我们，在一定范围内，经常使用的部位、器官和系统会逐渐形成适应性特征；而那些长期不用或少用的肌肉或器官，可能会退化，由此造成身体发展的失调。

在球类运动中，要综合考虑体型、身体机能、素质的全面提升。全面发展并不是没有重点，而是根据个人需要，发展出各自职业所需的素质。针对性地进行练习，会收到更好的锻炼效果。

另外，参加球类运动要注意内外结合。不能只注重骨骼、肌肉等的锻炼，而忽视内脏器官和系统的功能锻炼。内外结合也包括身心结合，既要注重身体素质，又要在运动中集中精神，使精神状态和运动紧密结合起来。

当然，体育锻炼对身体健康的良好效果只有在负荷适度时才能达到。适度是指体育锻炼强度要根据实际情况（年龄、性别、健康状况等）合理确定。参与者所能承受的负荷是相对的，要控制在一定的范围内。运动效果很大程度上取决于运动刺激强度。弱刺激不能引起功能改变，而过大的刺激可能损害身体健康。

目前，在实践中运用较多的负荷强度掌握方法有以下几种。

（1）以脉率在150次/分（平均130次/分）以下的负荷量为指标，谋求身体的有氧代谢能力。

（2）用180减去锻炼者年龄（体弱为170），所得差值即为锻炼时的每分钟平均脉率数。

（3）运动时最大心率（次/分）：（接近本人极限心率－安静心率）×70%+安静心率。

（4）负荷指标评价方法。

负荷指数：（运动后心率－运动前心率）/运动前心率×100%

衡量尺度：小负荷为30%～40%，中等为40%～70%，大负荷为70%以上。

适宜的强度取决于能量的消耗和补偿。过度的能量消耗会导致疲劳。适度疲劳，经过休息和恢复，可促进人体机能的提高。过度疲劳会导致身体机能水平下降。负荷强度一般是以心率来衡量，而负荷量以连续时间、次数、距离、重量来计算。为准确把握负荷，要做到以下几点。

（1）认真考虑荷载和强度配置。根据锻炼者身体状况和锻炼目标，科学安排负荷的量和强度。不切实际地增加量和强度，往往会产生事倍功半的效果。

（2）认真处理负荷内部数据。在进行练习时，既要注重内部和表面数据的一致性，又要重视内部机能的变化，加强监测，并进行科学调控。

（3）精心安排休息时间。在体育锻炼中，运动和休息交替进行是很常见的。休息时间过长或过短，都会影响效果。因此，要掌握好休息的时间，并在专门指导下积累经验。

（4）避免过度疲劳。很多理论都可用来判断身体是否疲劳。锻炼者的主观感受也是重要依据和评价手段。一旦被认定为量过大或者强度过大，就必须停止运动。

（5）在安排负荷时要考虑与其有关的其他因素，如劳动负担、工作性质、休息方式、睡眠状况、食欲情况、营养状况、作息制度等。

（三）加强对运动健身环境的认识

人与环境是密不可分的。阳光、空气、水等都是人类赖以生存的必要条件。良好的自然环境给人们的生活带来益处。环境不好则会对人的身体造成损害。如果身体在恶劣环境下进行球类运动，就需要承受不必要的压力，从而改变身体运动过程。因此，在进行球类运动时，要选择适宜的环境。

首先，要考虑气候对体育锻炼的影响。气候主要由温度、湿度、气压等组成。人通常会在适宜的气候下感到舒适，处在恶劣的气候下，就容易给身体带来不必要的损伤。例如，高温环境会让人头晕、疲倦乏力，潮湿多雨的天气会让人感到头晕、烦躁，寒潮大风天气会增加心脑血管疾病发作的风险。当出现大雾天气时，由于气压低，供氧减少会使机体的耐力降低。在超冷环境下，特别是大风天气，由于身体散热过度，体温会急剧下降，受伤率会升高。考虑到一年四季中每天的气温都有所波动，夏季可在早上6到7点或下午5到6点进行锻炼；冬天可以选择上午10点到下午3点进行。总之，要尽量避免在过热（高于32℃），或过冷（低于5℃）的时间段进行锻炼。

其次，要避开空气污染严重的地方。人体为保持生命的延续，需通过呼吸获得氧气，并排出二氧化碳。正常情况下，空气的成分是恒定的，但由于工业的发展，许多废气排放到空气中，改变了空气成分，对大众的健康造成危害。在进行球类运动时，由于对抗相对激烈，如果空气被污染，则吸入有害物质比参与一般的运动会更多。此外，空气中有带正电荷的阳离子和带负电荷的阴离子。一般认为，阴离子可使身体平静，具有镇痛、利尿作用，而阳离子相反。阴离子越多，空气越干净，越清新。一般海岸、森林公园的阴离子较多。总之，运动时要选择相对干净的环境，如篮球场、网球场，最好选择树木较多的室外，而羽毛球、排球场最好选择绿化较好的区域。

最后，要获得符合卫生标准的环境。球类健身是室内外健身的一种，但都要特别注意场地卫生，尤其是空气质量方面，一定要有一个良好的呼吸环境。对于户外，良好质量的场地可有效降低损伤发生率，也可让锻炼的人身心愉悦，如地面平坦、无凹坑等。另外，地面摩擦力应该适中，以防摔倒和伤害事故的发生。

第二节 球类竞技运动比赛文化建设

一、比赛文化的概念、内涵与特征

（一）比赛文化的概念

关于比赛文化的定义，国内外专家有不同观点，目前还没有定论。

德国学者 G.A. 菲特在 1818 年出版的《体育史》中提到比赛文化（身体文化）。他指出，比赛文化（身体文化）是指斯拉夫民族的沐浴和按摩等保健养生活动。《韦氏大词典》也称身体文化为"有关身体系统的保养"。有的解释更加宏观，研究后的结论是：身体文化是用科学和美的规律、生命的规律来解释的文化表现体。

到了 20 世纪，人们对比赛文化的理解变得多样：普遍认为比赛文化是竞技锻炼；比赛文化是促进健康的身体运动体系。第二次世界大战后，苏联、东欧逐渐习惯于将比赛文化作为最泛化的身体竞争概念来使用，并将其视为文化的组成部分。

中国对比赛文化的概念没有统一的阐释。普遍认为比赛文化是人类竞技运动的物质、制度和精神文化的综合体。一般包括：意识、情感、价值、理想、道德、制度、物质等。广义而言，比赛文化不仅包括器材、产品等物质形态文化，还包括知识、技术、组织和制度等精神文化。

综上，比赛文化虽无明确概念，但作为文化的重要组成部分，其核心包含了观念、意识、思想等精神文化。著者认为，竞技运动的主要目的是锻炼身体、振奋精神、寻求积极的生活方式，特别是通过正能量影响主流意识形态。

（二）比赛文化的内涵

1. 意识形态文化

比赛文化的核心是竞技比赛中的意识形态，有些也被称为竞技运动的精神文化，决定着比赛文化的目标。其主要内容包括人们对竞技运动的价值观、思维方式、审美情趣，如人生观、健康观、健身观等的认识。比赛精神与战斗精神有关，战斗精神是人的灵魂，是支撑人积极努力学习和工作的能量源泉。比赛文化的内涵仍然受到主流文化的影响，所以其发展方向是竞赛文化创造者和参与者共同认同和推广的内容。但这并不是说没有其他精神观念的存在，这些精神观念非常多样，会对人的成长产生积极的作用。

2. 制度和行为文化

比赛制度和行为介于精神和物质之间的中间层，包括训练、比赛、交流等全方位制度、方法的确立。它是人们在实践中形成的各种规范，如规则、制度、规定等，是意识的体现。

竞争制度和规范由国家相关组织制定，具有强制性。即使是管理者也不能随意改变制度。因此，在制定制度时，先要了解公众需求。

在社会上举办的竞技活动中，参与者能够在制度规范下遵守章程，整体行为表现稳定。但仍存在异化行为，如暴力冲突等不文明行为。导致这些行为异化的原因有很多，如压力、报复心理等。由于这些异化行为具有突发性，发生之前没有迹象，所以较难把控，当前的比赛文化建设应预防这种行为的发生。①

3. 物质文化内涵

比赛的物质文化形态，即人们创造的比赛文化的物质形态，是比赛文化的基础，也是客观物质保障和先决条件。首先是比赛后发生变化的人体机能的提升和身体形态的改变，其次是各种竞技活动及其物质形态和外在表达，如比赛的建筑物、环境、场地、奖杯、设备等。

（三）比赛文化的特征

1. 时代性

比赛文化是随社会发展而产生的。它在一定程度上反映了时代特征，体现了时代风貌和精神。人类的生存离不开时空环境。在特定的时空中，人类的生存受到很大影响，这是不可忽视的因素。一方面，在竞技文化的形成中，其形式和内容受当时政治、教育制度、社会氛围、社会结构、等因素的制约；另一方面，竞赛文化也是与时俱进的。当更先进的比赛文化产生时，新旧文化发生碰撞，新旧比赛文化交替并融合。在坚持原有文化要素合理性的前提下，要吸收精华，不断完善。

2. 休闲性

比赛文化的另一明显特征是休闲性。总的来说，比赛文化注重满足人的身心需求。现代社会人们的学习和工作的压力大，于是很多人在业余时间会选择参与球类活动。这与很多没有肢体参与的游戏娱乐不同，参与者会被激烈的比赛吸引，并慢慢融入其中。参与者的高超技巧、娴熟配合、饱满状态会相互感染，从而达到休闲娱乐的目的。

3. 育人性

比赛文化是社会环境中的一种文化现象，肩负着一定的教育使命。在这种氛围中，人们可带着愉快的心情参与竞技，在健身之余促进个性的发展；人的创造性可以得到充分挖掘，在胜败间，人们获得了求知的满足、克服困难的超越感。比赛文化引导人们提高集体荣誉感，体验竞

---

① 李小龙，李杰凯.近年来体育文化建设中赛事问题的警醒与反思[J].天津体育学院学报，2017, 32(5): 23-28.

赛快感，追求自我成就感；同时，在观看比赛的过程中，可提高感受、欣赏、创造美的能力，塑造精神美。比赛文化中的一个细节，可感动很多人，从而获得自发的掌声和掌握。观众可以从中学习、领悟生活真谛。因此，比赛文化的教育性特征有别于其他教育形式，具有全方位的鲜活性和参与感，具有独特的魅力和感染力。

二、球类运动引导下比赛文化建设的重要意义

（一）促进身心健康发展

参加球类运动对促进身心健康有积极作用。从生物学角度看，它可改善和提高人体器官的形态和功能。首先，在运动过程中，参与者大脑皮层高度紧张和兴奋，神经系统功能增强，反应能力增强，从而使他们的头脑保持清醒。其次，运动可以促进骨骼和肌肉的发育和成长。在球类运动中，骨骼的抵抗力得到提高，能够抗折、压、弯。在运动中，肌肉也会变得越来越强。再次，竞技运动可通过扩大胸围，增加肺活量来改善呼吸。肺部是进行气体交换的场所，通过竞技训练，更多细胞参与气体交换的过程。最后，球类运动通过改善心血管结构促进心血管功能的增强，最终提高人的运动耐力。

在新时代，球类运动的价值还在于使参与者逐步养成了健康的生活方式，磨炼了意志。竞技运动可以缓解焦虑，也可以释放压力。为了满足这一要求，有必要通过配备体育设施和开展丰富的活动来培养人们的锻炼习惯，从而使人们具备自觉锻炼意识。

（二）发扬顽强拼搏精神

良好意志深刻影响个人事业成败，因此，我们需要通过竞争文化培养意志、发扬顽强拼搏精神、克服惰性。随着经济水平提高，许多人的生活保障条件亦有所提高，但优越物质生活也滋生了工作惰性和懒散作风，失去了一往无前的勇气和斗争精神。

公众应认识到参与竞技运动可促进人身心发展，这也是现代社会对复合型人才的要求。现代社会竞争的激烈性，导致对人才的要求也越来

越高,需要更多敢于拼搏和创新的人才。一个人要在竞争中立于不败之地,就必须提高各方面的能力,其中最基本的就是强健的体魄。"身体是革命的本钱",没有健康的身体,就会失去竞争的基本条件。保证这一基本条件的途径是通过比赛文化培育竞争意识,养成终生锻炼的习惯。

(三)追求和谐发展

竞技活动的目的在于促进身体、精神和意志的全面发展。比赛文化主要体现在培养人们良好的心理素质和提高思想境界上。《奥林匹克宪章》指出,奥林匹克精神就是相互了解、友谊、团结和公平竞争的精神。我们应把奥林匹克精神运用到竞技运动中,并通过弘扬这种精神来激励人们。

目前,随着科技的发展,全球化进程的加快,各国间的距离越来越近。然而,每个国家都有自己的国情,受历史、经济水平的制约,他们的价值观也不一样。因此,比赛文化也要要求参与者学会包容,在群体中寻求和谐发展。

(四)提升美的感受

竞技运动大致可分为竞技性运动和观赏性运动两类。竞技性运动是通过对抗和竞争体现美感,观赏性运动是通过观赏获得美好感受。观赏可分为两部分:第一,直接欣赏。观赏者通过竞技者身体姿势和韵律体会美感;第二,间接欣赏,即利用自媒体、电视等手段观赏竞技者的美感,但是这种方法存在局限性,如广播,没有画面,只有声音。电视观赏较为全面,但有距离感。观众通过网络可获得直观的信息,但是并不能全方位感受赛场的所有信息。[①]

很多欣赏者认为,在竞争中可以感受都"真、善、美"。就像顾拜旦曾说,"竞技是美,竞技是正义,竞技是勇气,竞技是进步,竞技是和平"。现代奥林匹克运动一直秉持着这样的理念才有今天的价值和影响力。

在比赛中,运动场上的氛围给能给观众带来运动的气息,使观众感

---

① 焦新平,曾祥娟,赵敏.从文化软实力和国家形象建构看国际体育比赛的新闻传播[J].科技传播,2014,6(5):5-7.

觉就像自己在场上奔跑。这是美的享受和精神的慰藉，也是欲望和精神的寄托。

（五）培养开放意识

人类文化价值的现代化继承了传统文化的杰出成就，并将其体现在竞技运动之中。

众所周知，竞技项目具有健身性、民俗性、娱乐性等特点。中国现代竞技发展是创新发展的过程，需继承传统优势，并创建自己的特色，构建标准化评价体系。因此，学会借鉴西方的成功经验，并努力丰富国内竞争理念是当务之急。但是，学习也要讲究方法，要汲取他人长处，达到相互融合的目的，从而形成中国式竞争性运动。

当今世界，东西方竞技文化结合后，竞技比赛在加速发展的同时，也影响了国际领域的交流。比如，北京奥运会的主题"绿色奥运，科技奥运，人文奥运"，就是对东西方理念的融合创新，是用开放的眼光看待世界的观念。

三、球类运动引导下比赛文化建设的路径

比赛文化建设不同于健身文化建设，健身文化建设需要全民参与，比赛文化建设主要通过组织比赛来进行多维度的推进和提升。为了让球类运动发挥促进比赛文化建设的作用，需要从以下两点着眼。

（一）促进球类竞技比赛的组织规范性

1. 制定比赛规程

比赛规则通常由组织者根据目的、性质、规模和场地而制定。主办方应在比赛前尽将比赛规则早分发给各单位，以便参赛方做好准备，包括比赛名称、目的、日期、地点、项目、比赛方式、报名人数、报名截止时间、录取名次、采用的比赛规则和其他特殊要求和注意事项。规程制定好后，要同登记表和参赛表一并下发；要求在截止时间内向主办单位提交本单位的具体项目和参赛人员名单。

2. 检查报名表

报名表是编排和提前规划各种比赛细节的重要依据。报名表内容填写是否正确直接关系到抽签和工作的进度。主办单位在接收到报名表后，应首先认真审核，如有问题，须立即联系相关单位并要求立即整改。报名表应反复审核，确保万无一失。

3. 抽签工作

由于参加球类比赛的人数相对较多，通常先采用循环赛，然后采用单淘汰制的方法决出全部名次。但是每队（人）在比赛期间只能和几个队（人）相遇，因此比赛中各队（人）的分组以及编号不应人为指定，应该采取抽签的方式。抽签工作必须注意以下几点：第一，把"种子"运动队或选手分开，让他们在后面阶段的比赛中相遇；第二，合理地把参赛选手从同一参赛单位分开，如果可能让他们在最后阶段相遇并决出胜负。

4. 编排比赛次序册

抽签所要求的每场比赛参赛队伍和人数确定后，要立即安排比赛日期、场地等。在编排中，无论个人和团队是强还是弱，都要平等对待，这样才能实现竞赛公平。场馆选择、流程安排、场地分布等都要有利于比赛的良好运行和优秀运动员的技术发挥。编排时需留出时间和空间应付各种突发事件和临时问题。次序册编排好后，要反复检查，减少错误。秩序册包括以下几个方面的内容。

（1）本次比赛规程与有关比赛的特殊规定和注意事项。

（2）赛会组织机构和办事机构。

（3）裁判员名单。

（4）各代表队名单及具体号码。

（5）赛会的活动日程。

（6）具体比赛日程与比赛时间和场馆安排。

（7）比赛分组。球类比赛要附上成绩表，在编写秩序册时要注意比赛具体日程和比赛活动安排这些关键要素。

5. 记录和公布成绩

在比赛刚开始时成立记录组。记录组的任务是负责审核每场比赛的计分表、成绩表，快速、准确地公布比赛结果。计分表和成绩表是比赛成绩的原始依据，快速、准确地公布结果是保证比赛正常进行的重要条件之一。记录和公布成绩时，必须认真负责，并主动与裁判员加强联系。

（二）促进现代球类竞技比赛各阶段工作的完备性

1. 赛前组织

无论是主办单位球类赛事，还是系统赛事，都要根据性质和规模，成立组织委员会，并将比赛方案规程等报领导审批。

（1）讨论和确定组织方案。根据本单位或上级的比赛计划，以及比赛性质、级别确定组织方案，主要包括以下内容。

①比赛名称、目的和任务。

②比赛规模：根据主办单位、参赛单位和人数、地址和日期等来确定。

③比赛组织单位：根据比赛级别、规模建立必要机构，内容包括比赛形式、工作人员、组织委员会下设的部门及负责人等。

④比赛经费预算：本着节约的原则，根据实际需要来制定，内容包括场地修建、器材、奖品、交通、食宿、接待、医药等的经费预算。

（2）成立组织机构。全国性或地区性比赛，一般由国家体育总局和省市体育局承办，基层单位比赛应在基层党政组织的领导下组成领导机构。

（3）各部门职责与任务。

①组委会（领导小组）职责与任务。组委会负责领导大会筹备开会及总结工作。运动会联系面广，所以组委会成员应包括各有关方面的领导，以便解决大会的实际问题。

a.掌握比赛方针。

b.研究和批准比赛的规程。

c.研究和批准比赛计划。

d. 赛前听取筹备汇报，研究有待解决的难题和棘手问题。

e. 赛后听取上阶段的赛事总结，处理赛事问题。

②办公室职责。

a. 根据组委会决议，组织配备工作人员。

b. 拟订计划，组织会议；裁判报到日期和安排，场地器材准备；动员工作；开闭幕式；领队会议；组织学习或经验交流；大会的综合性总结等。

c. 制定各种规章制度与会议须知。

d. 负责对外联系。

e. 召开会议，解决各组之间的问题。

f. 编制预算。

③宣传处工作。

a. 组织好大会的宣传报道工作。

b. 组织通信报道与编辑会刊。

c. 研究制定先进集体和个人的评选细则。

d. 组织参观活动。

④比赛处工作。

a. 裁判工作。

b. 组织注册，秩序册的编制。

报名：报名表是比赛编排工作的重要依据。报名表填写内容是否正确，关系到抽签和编排工作的速度和质量。此外，参赛表格如果不能按时送达不仅会给抽签带来困难，还会影响日程安排。

收表后，应审查是否符合规定。如有问题，须立即解决。

审核完报名表后，应及时填写"汇总表"，汇总完毕后，立即提出参赛人数、领队和教练姓名、人数对照表，作为抽签和编排秩序册的依据。

反复审核报名汇总表，确保准确。

已寄出报名表的单位，如在抽签前更换参赛者，应予同意，但应由参赛单位提出书面申请。如在抽签后再提出，按"变更抽签"的相关规定处理。

抽签：根据比赛规程，赛前按程序进行抽签工作。

编排：秩序册根据抽签的结果，按编排原则和要求，编排出秩序，即比赛日程安排，并打印成册发给有关单位。

c. 准备场地和各种器材。

d. 会前要召开裁判长、教练会议。比赛期间必要时召开相关会议，解决问题。

e. 安排各队练习。

f. 排列名次。

⑤总务组工作。

a. 编制经费预算。

b. 做好比赛期间的物质准备，如交通、食宿、医药等。

c. 比赛生活管理，及时召开管理会议解决比赛中生活方面的问题。

⑥仲裁委员会工作

研究和处理比赛中所发生的违反比赛规则的参赛者、裁判员、领队、教练，对其采取警告、暂停或取消比赛资格等措施。

（4）制订计划。

据比赛方案和规程，各部门根据各自的职责制订工作日程计划，以便有计划地做好赛前准备工作。办公室（或秘书处）定期检查落实或赛前召开部门负责人会议，汇报准备工作情况。

2. 赛中组织

（1）对参赛者进行思想教育，使其端正比赛态度，并表扬先进队和先进参赛者。

（2）大会有关人员应深入球队中去，征求意见，及时改进工作。

（3）场地组应对比赛场地、器材和设备进行检查，以保证比赛顺利进行。

（4）遇有特殊情况需要更改比赛日期、时间和场地时，比赛组应及时通知比赛各队。

（5）保卫组应注意比赛场地的安全和秩序。

（6）大会各部门应经常与各队联系，以便听取意见，及时改进工作，必要时要召开领队、教练、裁判长联席会议。

3. 赛后组织

（1）各部门总结大会期间的工作。

（2）组织和举行闭幕式，做大会总结并颁奖。

（3）安排和办理离会事宜。

（4）组委会宣布结束工作，并向上级汇报。

第三节　球类竞技运动校园文化建设

与中小学相比，高校在球类校园文化建设中组织体育活动具有较强的开放性、更灵活。本节提出的球类竞技运动校园文化建设主要针对高校。

一、球类竞技运动校园物质文化建设

校园球类物质文化是校园体育文化建设的基础。高校良好的体育教学设施可使学生对体育产生更多兴趣，有利于体育文化建设。在校园球类竞技运动物质文化建设过程中，应将物质文化作为体育文化建设的重要组成部分去建设，促进软硬件的协同互进。[①]

（一）提高球类场馆设施利用率

随着人们生活水平的提高，体育人口逐渐增加，但是我国的体育设施相对匮乏，在这种情况下，高校应充分发挥设施优势，积极适应市场发展，促进场馆的市场化，从而推进高校体育事业向纵深发展。

学校要完善球馆管理，提高球馆利用率。在球馆、体育馆的经营中，学生要课堂训练，社会健身人群也要使用设备，这就产生了矛盾。从长远来看，场馆会向居民收取费用，并针对不同用户和时段采取不同的收

---

① 陈小舟. 中国特色校园体育建设探讨 [J]. 科技风，2021，34(8)：156-157.

费标准，这是完善场馆管理的必然趋势和发展路径。

提高场馆利用率，促进管理市场化。管理方应结束纯粹的利润驱动，实行"专注于教学，收入补充教学所需"。与公共场馆相比，高校场馆面临着多重任务，既不能影响教学，也不能关上大门，使好资源得不到充分利用。

具体来说，应注意如下两个方面。

第一，在开放球类运动场和体育馆时，应注意时间安排，避免与学生的体育学习时间冲突。一般情况下，学生在节假日使用场馆较少，而公众在这段时间锻炼较多。可以利用此特点，在这一时期将场馆向公众开放。此外，学生的体育课集中在上午和下午，运动场地可在中午和晚上开放。

第二，要重视开放场地类型。体育场馆首先要满足学生。可通过调查来知晓学生最喜欢的项目。在课余时间，可减少学生喜爱项目的场馆开放，保证学生的锻炼。但对于学生使用较少的场馆，可以延长场馆开放时间。

当然，高校可合理安排球类体育场馆的开放时间和类型，根据情况进行统筹，合理布局，提高场馆利用率，促进社会效益和经济效益的协同并进。

（二）场地设备建设要体现一定的文化底蕴

校园体育物质文化是校园体育文化的载体，也是校园体育文化的外在标志。校园球类运动物质文化建设的重要目的是促进校园体育文化的发展，物质设施的建设应体现文化底蕴。

在高校球类运动物质文化建设中，应注重文化品位，体现和谐与美。球类场地的实施要与办学理念相契合。球类运动设备要适应学校环境，空间组合要灵活。球类设施应具有一定的艺术感，以丰富学校的文化环境和校园体育文化内涵，提高师生参与的积极性和乐趣。

二、球类竞技运动校园精神文化建设

精神文化元素在体育文化中起主导作用。在球类竞技运动校园精神
文化建设中应注意以下方面。

（一）树立正确的体育观

体育观是人们对体育存在意义的理解，它决定着体育发展的方向。
树立正确的体育观对高校球类体育文化的发展具有积极意义。具体来说，
包括以下几个方面。

1. 竞技运动是生活的重要组成部分

现代生产方式促进了社会财富的发展，但也带来不利因素，如劳动
方式单调、劳动密度增强、劳动过程专业化和智能化等。这些变化会让
人感到无聊、压抑。此外，现代工作方式也使人们缺乏运动。

在这种现状下，运动，特别是各种形式的竞技运动，尤其是球类竞
技运动，已逐渐成为人们生活的重要组成部分，其不仅能够丰富精神生活，
也能促进人们的身心的健康发展，这对经济社会发展和个人的提升具有
重要意义。

2. 竞技运动是竞争行为

竞争是现代社会生活中的普遍现象，竞争意识也是重要的思想意识。
合理竞争可以促进社会和个人的发展。为了实现更好的生存与发展，人
需要有竞争意识，并且需要不断提高竞争力。

在球类运动中，竞争是其重要内涵。在球类比赛中，处处体现体力、
智力和技巧的比拼。

球类比赛在严格的制度下进行。体育竞赛注重公平，强调规则。从
这个意义上说，球类比赛可促进参与者公平竞争意识的培养，使他们能
以竞争的方式应对生活中的考验。

在球类比赛中，要想取胜，必经过严格训练，参与者应具备吃苦耐劳、
勇于拼搏的基本品质，不断提高体能、心理素质、战术能力。在比赛中，
任何不劳而获都是不允许存在的。因此，每位参与者都将从竞争中懂得

强大的实力是取胜的关键，只有通过不断努力才能获胜。[①]

3. 体育运动是娱乐

现代体育运动不仅体现了竞争，还充分展现了娱乐精神。随着时代的发展，体育运动的功能得到了进一步的拓展和延伸。

大众球类运动具有良好的娱乐性。运动员在进行运动时，能够缓解生活和工作压力。大众体育运动以追求自身情感愉悦、提高身体机能和健身为目标。

研究表明，通过运动，人的愉悦感和幸福指数会提升。幸福感增加与负面情绪减少相关。通过运动，可有效改善紧张、困惑、疲劳、焦虑等情绪，帮助人们保持精力。观看球类比赛也有很好的娱乐功能，可以让人轻松愉快。

4. 终身体育观念

终身体育是现代体育的重要概念，人们应在生活中树立终身体育意识。参加球类运动不应局限于人生的某个阶段，而应在人生各阶段都参加锻炼。体育是终身性的，这是由锻炼的规律决定的。人们在参与球类健身中获得的效果并不是永久的，在停止球类运动后健身效果会逐渐消失。为促进和保持健康，人们应终身坚持体育运动。

具体来说，终身体育包括：第一，人的一生要不断进行体育锻炼；第二，要不断学习体育知识和技能。

终身体育理念是指人们应不断接受终身体育教育，使各阶段的体育运动能够很好衔接，保证锻炼和技能学习的系统性。

在人类发展的不同阶段，人体对体育锻炼的需求不同。在青春期，促进身体发育是锻炼的重要目标；在中年，预防衰老和疾病成为锻炼的重要目的。在高校球类教学中，应培养学生的终身体育观念。不仅应让学生掌握一定的锻炼方法，还应使学生养成良好的健身锻炼的习惯，获得终身锻炼的能力。

---

① 于英曼，张艳，王亚男，李惠娟.高校体育社团对校园体育文化的影响研究[J].黑龙江科学，2021,12(5): 150-151.

（二）增强大学生的体育意识

体育教学工作的目的是促进学生体育意识的培养和体育锻炼习惯的养成。体育意识的培养对体育教学实践具有重要意义，也是校园文化建设的重要方面。

增强学生的体育意识应从以下两方来进行。

1. 改变学生的观念，增强意识教育

在我国球类教学中，长期以来，对学生体育意识培养不足。在教学中，体育仅作为知识和技能进行传授，而忽视了其育人功能。传统的教学方法有其积极的方面，但其消极影响也不可忽视。因此，在教学中，教师应培养自觉意识，使学生受到良好的思想教育。教师应将终身体育意识与体育教育结合起来。

2. 理念传授，综合培养体育意识

体育教学不仅是技能的传授，更是知识的传授。教师应不断促进学生知识的积累，促进体育理论对学生思想潜移默化的影响。理论在实践中起重要作用，加强理论学习可促进技能掌握。在球类教学中，应重视体育运动规律和锻炼的教学，做到理论联系实际，相互促进，全面发展。

（三）弘扬体育精神

校园体育精神是校园体育文化的升华，它深刻反映了价值观、行为和意识。校园球类文化对学生有重要影响，接触到相应的校园球类文化氛围，可使学生潜移默化地受到影响，获得良好的教育效果。因此，高校应弘扬体育精神，鼓励学生不断实现自我提升。

1. 民族精神的振奋

目前，体育运动对社会和个人的影响已远远超出了它本身的范畴，它包含着深刻的文化和思想内涵。体育教育应促进人们民族精神的觉醒。

在中国体育的发展历程之中，乒乓球运动和排球运动对民族精神产生了不可磨灭的影响，并持续发挥着振奋民族精神的重要作用。在中国的乒乓球运动发展史上，孔令辉、王楠等人的名字影响着一代又一代中国人，增强了人们的民族自豪感；中国女排不畏强手、奋勇争先的拼搏

精神更是鼓舞了炎黄子孙。因此,在球类教学中,要发挥积极的价值观对学生的教育意义。

2. 良好意志品质的培养

学生自觉、自制的品质,以及勇敢、坚韧、独立的精神,是意志品质的构成元素。在球类运动中,获胜的喜悦不仅能鼓舞士气,还能对激发人们勇敢战斗的意志起积极效应。运动水平的提高,要求运动员坚持训练,克服困难。另外,在球类训练中,尤其是高强度训练中,可能会伴随一定的生理不适,需要训练者克服。在球类教学中,应培养学生良好的精神素养,使他们认识到发扬拼搏精神以及具有良好自觉性、韧性和自制力是成功的基石。

球类运动具有良好的激励作用,通过开展比赛,可提升学生的潜能。在球类运动中,学生可以通过弘扬奋斗精神,深刻认识到个人努力与集体荣誉的关系,从而促进责任感的培养。在比赛中,体育能给学生带来精神满足,促使学生不骄不躁的心理素质的确立。

3. 遵守规则意识的培养

现代社会竞争越来越激烈,每一个人都在社会中生活,当个人的私利与社会利益发生冲突时,将考验个体的规则遵守意识。在球类比赛中,参赛者须遵守规则、尊重裁判、尊重其他参赛者,公平比赛。这些规范要求不仅适用于一切体育活动,同时是公民应具备的社会生存素养。在球类教学中,要注重对学生规则意识的培养。

此外,在球类运动中,比赛双方处于平等地位。在球类运动的教学和训练中,要注意培养学生尊重对手和他人的意识。

(四)课余体育俱乐部和体育文化节的建设

俱乐部和文化节是校园文化建设的重要形式,会对学生产生深远影响,是校园球类运动文化建设的方向。具体来说,校园体育俱乐部和体育文化节建设应注意以下方面。

1. 高校课外体育俱乐部的建设

(1)课外体育俱乐部建设的优势。近年来,校园课外体育俱乐部是非常流行的课外组织形式，学生根据自己特长和爱好自愿加入组织。课外体育俱乐部由专人组织、管理、指导，有资金支持，活动效果良好，深受学生欢迎。

俱乐部无论是在锻炼的灵活性方面，还是实际效果上，都比体育课有优势。通过积极引导俱乐部的建设，可更好地促进教学目标的实现。俱乐部与当前教学现状有很好的契合度，可在高校迅速推广，成为校园体育文化的热点。[①]

课外体育俱乐部吸引学生主动参加，激发他们的兴趣和锻炼热情，使更多学生能够经常参与体育锻炼和健身。在开展活动过程中，学生增进了了解、促进了沟通能力和合作能力的提升。总之，课外体育俱乐部模式可促进校园体育文化的丰富和校园文化的发展。

（2）建立体育俱乐部的策略。体育俱乐部在促进体育文化发展方面发挥了积极的作用。学校领导要高度重视，学校应积极引导俱乐部的建设，为体育俱乐部开展各种活动提供场地，以促进体育俱乐部的发展。学校和体育教师应积极引导学生的体育活动，从学习简单体育技能发展到各种复杂技术，促进学生体育文化素养的发展。

校园体育俱乐部应满足学生的个性需求，实现课内外的统一。对于学生，可收取适当会员费用来维持运作。为避免俱乐部无序发展，高校的团委、学生会等应进行管理，促使其健康有序发展。

在一些发达国家，体育俱乐部发展相对成熟。在德国，体育俱乐部加入社会体育协会，成为社会组织的一部分。中国的高校在发展俱乐部时，应借鉴国外经验，将成功经验与实际相结合，走出一条适合于自身体育发展的道路。

2. 高校体育文化节建设

校运会是检验学校体育工作成效的重要形式之一。虽然校运会有积极的意义，但也存在许多问题。最重要的是参加人数少，大部分学生只

---

① 杨雅晰,郝东方,刘惠,刘昕.全生命周期视域下体教融合探析[J].北京体育大学学报,2020,43(12): 11-21.

是"看客"。据相关调查显示，90%的学生没有参加过校运会，当被问及是否对校运会感兴趣时，多达70%的学生没有兴趣，这表明校运会已基本失去了向学生传播体育文化的重要功能。在这种形势下，应积极推进校运会的改革，提升学生的运动兴趣，促使更多学生参与。

高校应积极思变，将校运会发展成为体育文化节，增强其在学生中的影响。通过延长时间、扩大空间、发展其他活动形式，使其内容更加丰富多彩，以吸引更多学生。体育文化节期间可通过"体育周""体育日"等形式来开展活动。

校园"体育周"指集中利用一周时间，对学生进行课外锻炼，或组织各种教育、锻炼。高校应将"体育周"活动纳入学校计划，并成立指挥部对"体育周"进行组织和管理，在管理中，应注意获得相关方面支持，并做好充分准备。"体育周"结束后，相关部门要重视后续管理。

校园"体育日"通常与有意义的节日相结合，一般占用一天或半天的时间。在"体育日"期间，学校可组织专门活动，开展体育教育和锻炼。在管理中，不仅可以组织全校性的活动，还可以根据年级和班级组织活动。还应注意奖励方式，避免直接金钱奖励，可增加各种奖励形式来鼓励学生。

总之，体育文化节应从各方面进行创新，激发学生对体育运动的兴趣，增强体育锻炼意识。同时应使每一个同学都有平等的机会参加全校体育的盛会。

三、球类竞技运动校园制度文化建设

（一）球类竞技运动校园制度文化建设的基本原则

1. 在制度文化建设中坚持"以人为本"原则

要发挥制度的育人作用，前提是要建立既能满足社会需要又能满足师生需要的学校制度文化。"以人为本"本质上是一种人性管理，它通过教师和学生的共同努力，将学校的制度文化转化为师生的内心规则和外显行为。此时，虽然建立了许多规章制度，但师生不会感到压抑，而是自觉地维护和执行。"以人为本"离不开宽松的环境，学校应有平等对待学生的意识，选择合适的渠道，努力用多角度思维来分析学生面临的体育锻炼现实问题。

2. 坚持制度文化建设的民主性原则

制度制定须遵循民主集中制，坚持"从群众中来，到群众中去"，让师生参与制度制定。如果只是由校长或部门负责人告知学生，师生只能被动地接受。在制定相应制度时，管理者应进行民意调查，召开座谈会。在制定相应的制度初稿后，充分听取教师建议，提交教师代表大会审议，最终实施。制度应具有广泛的群众基础，并得到教职员工和学生认可。通这种方式可以避免脱离实际，从而减少制度实施的阻力。

3. 坚持制度文化建设的独特性原则

由于办学历史、师资水平、师生素质等条件不同，各学校在管理上会有不同的做法。学校间存在着差异，这使得不可能有一套适用于所有学校的制度。因此，学校在构建制度时，应从学校实际出发，制定切实可行的体育制度，促进学校各项工作的顺利开展。

4. 坚持制度文化建设的综合性原则

学校管理涉及多个维度，为保证学校工作的有序开展，各项工作都必须有相应制度，以规范和指导学校的行政管理、教职工管理、学生管理等。这些制度使学校的管理工作有法可依、有章可循，从而保证学校各项工作的正常运行和学生综合素质的提升与培养。

5. 坚持制度文化建设的实效性原则

有效的制度是无形的领导者，它以其强制力，鼓励人们在一定限制下，按照要求进行有效活动。为实现目标，在制定体育制度前，有必要仔细调查学校的各方面工作，找出问题的症结。学校制度文化的建设是由外而内的制定过程。为使制度文化充分发挥其有效性，必须注意师生主观能动性的发挥，重视师生的思想过程，实现学校管理的有效性。

（二）球类竞技运动校园制度文化建设的路径

1. 建立符合时代要求的公平制度文化

公平是一种基本的制度价值。一般来说，公平和平等属同一语义，但作为与效率相对应的概念，它主要是指公正，其理想化状态是指平等。高校球类运动制度文化的公平价值体现在：第一，制度的制定公平；第二，制度的实施公平。高校球类运动制度文化应尽可能维护师生利益，特别是作为刚性的制度文化，从制定到实施都应有广大师生的参与。高校球类运动制度文化是否客观、公正，取决于其所反映的利益主体的广泛程度，以及是否注重利益平衡。所体现的利益主体范围越广，其制度文化就越公平、公正。因此，高校在球类运动规章制度的制定过程中，应广纳群言、充分调查、平衡利益。

同时，高校球类运动制度文化不是固定的，本身需要不断完善和创新。一些制度经过实践发现已不符合时代发展，必须及时完善。因此，球类运动制度文化建设要求学校有这样的氛围：所有师生大力主动推进文化建设，使学校体育文化与时俱进、不断延展。

2. 注重"以人为本"的管理理念

在大学所有的教育资源中，人是最宝贵的资源。"以人为本"是现代大学最重要的管理理念。"以人为本"建立在充分尊重的基础上。要做到"以人为本"，学校球类制度建设基点应是尊重人的权利，满足需求，促进发展。相信每个教职员工，只要放在合适的岗位上，就会发挥教书育人的价值；相信每个学生都有积极的体育锻炼意识和态度。

校园球类文化依赖于校园制度文化建设，全体师生员工都是建设者和主人翁，处于主体地位。因此，在制度、校训、校风、学风等制度文化建设中，要重视全员教育，以学生为主体，以管理促教学。由教师领导，意味着教师必须有权参与决策，有权质询制度文化建设的重大事件。教师肩负着高校教学、科研等任务，是风气的传承者和传播者。因此，尊重教师的参与权和探究权不仅是民主制度体现，也是对人才的尊重。

同时，学生管理也是制度文化建设的重要组成制度。学生自我管理与学校文化体系建设密切相关。学生既是管理者，又是被管理者。一方面，学生自我管理内容受学校各种制度的影响；另一方面，学校制度的科学性和可操作性直接影响着学生自我管理的执行水平。高校的校园制度应为学生的自我管理提供空间和便利，而教师的民主性为学生的自我管理提供了可能性。因此，学校制度文化建设中的管理制度须是学生能够接受的制度文化，能潜移默化地渗透到各个学科之中，体现在学校各项教育活动以及体育活动之中。

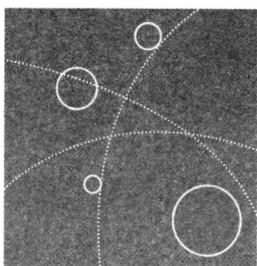

第七章

价值延伸：球类运动影响
下的新时代社会体育

第一节 新时代社会体育的时代背景与发展趋势

一、社会体育发展的时代背景分析

（一）政治背景分析

1. 社会体育发展的基本方针

（1）国家发展社会体育事业的方针。《中华人民共和国宪法》规定："国家发展体育事业，开展群众性体育活动，增强人民体质。"该规定确立了发展我国社会体育事业的基本方针，明确了国家发展社会体育的责任，明确了国家和各级人民政府在发展社会体育事业中的主导地位。国家和各级人民政府作为发展社会体育的主体，要为群众参与社会体育创造条件，不断推进社会体育建设事业向前发展。

（2）增强人民体质，提高人民健康水平的方针。建设社会主义的重要目标是要提升人的幸福感，为人民的全面发展提供条件。人的幸福感离不开社会体育的全面发展。社会体育应以人为本，以人的发展为基本目的。社会体育应为人民服务，最大限度地满足人民对社会体育的需求。[①]

（3）为经济建设和社会发展服务的方针。社会体育对经济建设和社会发展的能动性，决定了社会体育为之服务的可能性和必要性。社会体育在增强劳动者体质、发展体育产业、增加就业机会、提高军人身体素质、促进社会稳定等发挥积极作用。它体现了社会体育为社会主义服务的基本方针。

（4）国家与社会共同兴办的方针。随着中国开始实行第十四个五年规划，中国进入经济迅速发展的关键时期和改革开放的"深水区"。社会体育的发展完全依赖政府，无论财力还是人力都不现实，因此必须走社

---

① 孟祥霞，郑贺.全民健身背景下社会体育组织发展研究[J].淮北师范大学学报（自然科学版），2021，42(2)：66-70.

会化道路，形成国家、社会和个人合力推进和提升的基本格局。要深化体育改革，政府应支持企事业单位、社会组织和个人兴办社会体育事业，形成多兴办主体、多渠道投资，政府为广大人民群众提供基本社会体育公共产品和服务，社会为满足人们多样化体育需求提供条件的发展模式。

（5）活动与建设并举、重在建设的方针。开展社会体育活动是国家发展体育事业的基本内容。我国在组织群众开展群众体育活动方面有多次尝试。然而，要提高我国社会体育水平，必须解决设施和制度问题。由于种种原因，我国社会体育的发展有些滞后，严重影响了人们参与社会体育活动的机会和质量。因此，在坚持广泛开展体育活动同时，必须重视社会体育事业，按照现有方针，不断推进群众性球类竞技运动的发展。

（6）特别保障青少年儿童体育活动的方针。《中华人民共和国体育法》规定"国家对青年、少年、儿童的体育活动给予特殊保护"。少年儿童是国家的希望，提高少年儿童身体素质是基础工程。确保少年儿童的体育活动，不仅是学校的责任，也是社会的责任。国家在少年儿童参加体育活动的时间、设施和指导等方面给予特殊保障，为他们的成长创造有利条件。

（7）扶持少数民族地区发展社会体育的方针。支持少数民族地区体育事业，是党和国家始终坚持的基本政策。受历史原因的影响和经济发展水平的制约，大多数少数民族地区体育发展滞后，需要资金、物质、技术、人才等要素的全方位支持。扶持少数民族发展社会体育对加强民族团结、繁荣民族文化、维护国家稳定具有重要意义。

2. 我国社会体育事业的任务

（1）广泛开展充满活力的社会体育活动。"开展群众体育活动"是宪法对体育工作的基本规定。《中华人民共和国体育法》规定："体育工作要坚持以开展全民健身活动我基础。"因此，广泛开展各种社会体育活动，是基本任务。这不仅是政府的责任，还是各级机关、企事业单位的责任；它既是各级工会、共青团、妇联等的责任，也是各级体育社会组织的基本工作内容。

（2）改善社会体育活动环境和物质条件。社会体育的发展就是在全社会形成崇尚健身、参与健身的环境氛围。生命在于运动，运动应该讲科学，参与社会体育活动是一种生活方式；通过不断建设和完善体育设施、体育组织，增加体育指导员等方式，支持、吸引和动员更多人参与社会体育活动。

（3）引导群众融入健身，促进体育消费。健康是人生存的基础，投资身体健康，保持身体素质，与增进知识和能力同等重要，甚至更为重要。为增强体质与健康而消费应像教育投资一样成为家庭消费的重要构成元素。要在开展群众性体育活动的同时，加强对体育消费的引导，不断壮大和推进体育产业，形成良性循环。

（4）在传承基础上创新社会体育文化。我国社会体育在其历史发展中创造了灿烂的文化。现实的社会体育，一方面继承了优秀的民族和民间传统体育文化元素；另一方面学习和借鉴了国外社会体育的知识和技能，同时，也在创建具有中国特色的社会体育文化。丰富、创新和发展有中国特色的社会体育文化是社会体育工作的重要任务。社会体育工作要不断为人民群众创造和提供基本体育知识与技能，不断推进和提升社会体育文化做出贡献。

（二）文化背景分析

1. 精神文明建设对社会体育的需求

体育作为特殊的社会现象，属于大文化范畴。人们广义上理解的文化，是指物质文明和精神文明的总和。狭义的解释指精神文化。事实上，文化是人类创造的产物，是社会实践的结晶，是社会现象综合体，除了教育、科学、艺术等，还包括饮食、服饰、住宿、娱乐、体育等元素，这些都体现在人们的社会关系中。体育活动作为体育范畴中最本质、最核心的内容，自然是人类文化现象的组成元素之一。作为特殊的文化现象，社会体育健身活动是最受人们欢迎的文化现象之一。[①]

---

① 肖力.城镇化进程中高校体育对社区体育发展引领力探析[J].广州体育学院学报，2021，41(1)：23-26.

随着社会进步,社会体育活动日益成为生活中不可或缺的组成部分,并从意识和观念上被定位为文明的重要标志。体育活动在丰富文化内容和促进社会文明方面发挥着越来越重要的价值。

在中国特色社会主义现代化建设的今天,体育健身作为文化的重要组成部分,应该从体育健身的本质出发,从以下几个方面把握发展和前进的方向:首先,它可以代表健康生活方式的风向标,帮助大众树立科学的、先进的健康理念。通过各种方法和手段,积极推动健身活动的开展,促进国民体质的提高。第二,健身要与其他领域协调、结合。例如,体育与文学、旅游、休闲、生态、环保等高度融合创新,从而增强吸引力和文化魅力,不断满足人民群众的精神文化需求。第三,体育健身内容和形式应具有民族特色,充分展示民族文化遗产,抵制各种封建、颓废、庸俗元素和行为。

2. 现代健康文明生活方式对社会体育的需求

社会生活方式可以反映文明程度。第一,生活环境更加开放,带动了社会生活方式的多样化;第二,物质生活更加富裕,推动社会生活方式的不断丰富;第三,文化氛围更加宽松,人们的现代生活观念更新,使生活方式在意识层面发生了变化。

现代社会的发展不仅是技术和经济的快速增长,也是人们思想、思维方式、行为方式和生活方式的变化。与传统家庭生活和消费结构相比,现代人们的生活方式已经发生了翻天覆地的改变。毫无疑问,今天的中国人生活方式正在转变为适应时代进步的方式。[①]

生活方式的改变与人们的观念相关,也与人们的经济条件有关。改革开放以前,中国人民贫穷、机械、单调的生活,与中国整体生产力水平低下是一致的。如今,"以人为本,健康第一"已经成为人们潜意识的运动生活行为指南。集体登山旅行或从事户外健身,个人或集体骑自行车甚至徒步旅行已成为时尚。人们的生活方式更加多样化。

---

① 舒宗礼,夏贵霞."三社联动":我国社区青少年体育治理的模式选择、实践探索与优化策略 [J].体育科学,2020,40(11):42-52.

在众多生活方式中，不难发现健身活动始终是重要内容。人们在业余时间喜欢到俱乐部或健身场所参加文体活动。在社区中，丰富多彩的健身活动，就像一道道独特的城市景观。如今，各行各业、各阶层人士都开始利用节假日组织体育活动，体育锻炼已成为人们生活中不可缺少的部分。有些人甚至把球类竞技运动称为"生活伴侣"。随着生活水平的提高和"文明病"的增加，人们对健身的需求越来越迫切。此外，林立的高楼、紧锁的铁门阻碍了人与人之间的交流。因此，体育锻炼不仅可以达到健身的目的，还可以成为沟通与交流的渠道。

生活方式的多样化是社会进步的结果。开放的社会环境、丰富的物质生活和宽松的文化氛围有利于增强人们的竞争、效率、民主和法律意识，增加社会个体的选择性。然而，毋庸讳言，改革开放后个人自由主义出现，利己主义、享乐主义蔓延，封建落后习俗也在悄然兴起，因此，社会主义精神文明建设要倡导文明、健康的生活方式，而体育运动就是一种绝佳的方式。

生活方式是精神文明的重要组成部分。社会能否充满活力，取决于它能否为人们提供符合人性的生活方式。倡导"以人为本"，我们须有社会责任感，要遵守社会道德，正确处理个人利益与国家利益的关系，弘扬文明、健康、科学的生活方式，抵制丑陋的社会习俗。在这种文化背景下，社会体育的发展才会越来越具有生命力和持续发展的动力。

（三）经济背景分析

马克思在《政治经济学批判·序言》中指出："物质生活的生产方式制约着整个社会生活、政治生活和精神生活。"社会体育作为一种社会生活方式和上层建筑意识形态，会受到社会经济条件的制约。国家的经济质量、发展水平最终影响对社会体育的人力、物力、财力的投资，影响社会体育的发展。由于经济概念涉及内容范围广且比较复杂，著者仅从经济制度类型、经济发展水平和我国经济体制改革来分析新时代社会体育发展的经济背景。

1. 社会主义经济制度的优越性是新时代我国社会体育快速发展的基本保证

经济制度决定了社会体育的性质，社会体育的目的也反映了社会体育的本质。资本主义是建立在私有制基础上的制度，剩余价值是资本家追求的目标。一方面，国家和资本家为了维护阶级利益，投资建设了大量体育设施。另一方面，鼓励员工参加体育活动，促进了资本主义国家群众体育的发展。在资本主义国家，为培养精壮劳动力、减少医疗费用、增加员工出勤率，资本主义国家的企业投资社会体育，推动了大众体育的整体发展水平。但是，生产资料私有制决定了参与社会体育的不平等和被压迫的本质特征不会改变。

中国是以生产资料公有制为基础的社会主义国家，其发展生产力的基本目的是满足人民对美好生活的向往。随着中国国民经济的快速发展，国家将逐步加大对社会体育的投入，以推动我国社会体育在新时期的不断推进和提升。同时，随着我国社会的进步，人们的精神需求也越来越强烈。体育作为社会文明的标志和风向标，也是我国人民追求丰富多彩生活的目标。以公有制为基础的经济制度决定了社会体育的自由、平等。随着我国进入"十四五规划"新时期，具有广大群众积极参与的社会体育发展水平必将不断提升，而制度的优越性为社会体育发展提供了基本保障。

2. 经济快速发展是社会体育发展的有利条件

改革开放以来，中国经济迅速增长，成为世界上最大的发展中国家。据预测，到21世纪中叶，我国城乡居民软性消费比例将上升，消费结构更趋于强调生活质量。社会体育作为健康生活方式的标志，是提高幸福感的重要手段，也是良好生活方式的风向标。

当然，也要看到，中国存在着"断裂"和"不平衡"。长期以来，中国城乡二元结构分化。国家重点投资、建设集中在城市。在几十年的经济发展中，城市生活水平逐渐接近发达国家，而农村仍然以农业生产为主。按照美国预言家约翰·托勒夫的"三波"观，目前，中国城市正在从"第二波"向"第三波"进行转变，即从工业化向高科技阶段缓慢推进。经济条件为人们从事体育运动提供了保障，这体现在当前城市社会体育的不断发展。然而农村却被冷落，社会体育发展相对滞后，社会体育发展的乡村振兴势在必行。随着中国脱贫攻坚取得阶段性成果，中国国家乡村振兴局面已经打开，乡村的群众体育工作应有更大的作为。

二、新时代社会体育发展的趋势

（一）社会体育将全面推向社会

众所周知，政府政策制定的作用体现在调控、协调、领导和服务等方面，而社会体育活动的实际操作是由团体、协会的协调和运作构成的。社会体育活动组织网络的社会化程度将进一步扩大和延展，各体育社团及体育协会之间的合作将加强，以充分动员和组织社会力量全面、有序、有效、合理地开展社会体育活动。

在此基础上，不同企业、机构、学校和社区充分结合。与此同时，社区体育和家庭体育将有较大发展，这些因素将成为推动实施全民健身计划的重要力量。

（二）体育法制建设将更加完善

随着社会的进步，建设社会主义法治国家的进程加快，依法治国成为我国的治国之本。社会体育活动随着国家法律体系的逐步建立与完善，其自身的法制建设也将不断加快、加强和完善，社会体育活动的开展将有法可依，人们的体育权利将得到有力保护，违法违规操作将没有生存的土壤。人们的权利保护意识将不断增强。同时，人们会用法律来保护自己。由于生活水平的大幅度提高，人们的健康意识不断增强，体育健身需求也日益增长。因此，体育法制建设需要不断充实，各种体育政策、法规体系有必要逐步完善，从而实现社会体育可持续发展。[①]

（三）社会体育参与者将更为广泛

随着中国经济水平的提高，社会体育活动地迅速发展。在这一前提下，

---

① 　夏铭娜，李崟，胡佳澍．全面建成小康社会的中国体育评价指标体系研究[J]．首都体育学院学报，2020, 32(5): 92−101.

人们比以往任何时候都更加关注健康，社会体育活动将成为人们生活中不可或缺的重要内容。随着社会进步，人们的文化素质不断提高，传播媒介对体育的宣传和报道越来越深入，人们的体育观念和健身意识普遍增强，社会体育将进入更多家庭，成为人们生活中的精神食粮。

同时，现代生产方式虽给人们带来了便利，但也给人们带来了"文明病"。显然，体育活动是遏制"文明病"快速蔓延的有效途径。我们需要追求健康、科学、文明、合理的生活方式。在现代生活中，相当一部分人愿意将大量的可支配收入用于健身，人们的健身观念趋向合理化。可见，社会体育已真正成为人民生活的重要组成部分。

（四）社会体育的科技含量将不断提升

随着社会的发展，锻炼已成为提高生活质量、扩大社会体育参与度的关键因素。为满足人们对社会体育不断增长的需求，社会体育活动的科学研究将成为未来的研究重点。最新的科学技术成果将运用到社会体育中，以人为本、服务大众、科学求实的理念将得到充分贯彻。因此，人们的体育锻炼也会发生变化，从随机锻炼到科学体育活动，人们对科学锻炼的意识有了明显提升。越来越多的人不仅认识到生命在于运动，更清楚地认识到生命在于科学运动。社会体育的发展将步入有计划、有组织的方向。各种类型的社会体育活动在人们眼中将成为美好的事物，就像商品一样，内容、形式及服务将更加贴近大众、贴近生活，更加适合不同年龄、阶层、职业参与者的健身需求，为他们提供更加科学的设备，根据不同体育锻炼者的实际情况，提供适合的方案。社会体育将为大众提供更加科学的服务，使人们在参与锻炼的同时真正达到强身健体和愉悦身心的目的，养成参与运动的终生习惯。

第二节 新时代社会体育的多维价值

一、社会体育促进人发展的功能价值

社会体育有许多功能，但其基本功能是促进个体的全面发展，满足参与者在健身、娱乐、交流和适应等方面的需要。社会体育对人的发展的影响是基本功能，其他功能则是由体育基本功能衍生而来的。

（一）健身价值

健康不仅是工作的基础，还是人们满足自身发展和享受的物质基础。没有健康身体，个体就不能充分发挥才智、服务社会；没有健康身体，个体就不能享受美好生活；没有健康身体意味着失去一切。因此，健康是获得一切美好事物的基础，是现代人追求理想目标、体验幸福感、享受生活的物质基础。目前，"生命在于运动""请人吃饭不如请人流汗"的观念被越来越多的人接受，人们开始积极投身体育锻炼，成为体育活动的参与者。

球类运动是体育锻炼的重要手段和形式。通过定期科学锻炼，人们可以改善体形、机能，增强体质。包括球类运动的体育锻炼的健身功能体现在以下几方面：锻炼可提高中枢神经工作能力，使人头脑清醒、思维敏捷；促进机体生长发育，提高运动能力；促进人体器官功能完善；调整心理，使人充满活力；可以提高人体适应性；改善亚健康；防治疾病、延缓衰老、延年益寿等。

（二）娱乐价值

随着现代科技的发展，社会生产方式发生巨大变化，人们的闲暇时间越来越多。如何提高生活质量，已成为全球性问题。体育活动内容丰富、形式灵活、趣味性强，是社会文化生活的重要组成部分，也是文明、健康生活不可或缺的部分。

通过丰富多彩的体育活动，尤其是人们擅长的球类运动，人们在各种练习中会产生成就感；在与同伴配合中，在与对手斗智斗勇中，会产生心理满足感。同时，由于各种球类运动具有不同的功能，人们可以在运动中享受不同种类的乐趣。目前，球类运动已经成为现代生活中最活跃、最健康的运动方式和娱乐选择。

（三）情感调节价值

在现代社会，人们的生活节奏不断加快，脑力劳动的增加、体力劳动的减少和刻板的生活环境使人们开始变得浮躁。这是因为人们在使用现代科技产品时，缺乏人与人之间沟通，忽视了情感；单调的工作使人感到孤独、无聊；现代生活方式缩小了家庭规模，疏远了亲人，给人们带来了情感困惑。而集体体育活动正好可以弥补此类缺憾，为人们创造交流机会。球类运动可为人们提供促进情感交流的氛围，没有地位、贫富的区分，也没有人为隔阂和令人不愉快的要素。大家互相帮助、鼓励，在运动中畅所欲言，交流情感。这种体育锻炼的场景在球类运动场馆随处可见，这说明球类运动对消除人与人间的隔阂与猜忌，促进成员之间的交流起到了融合剂的作用。

（四）增强社会适应能力的价值

社会适应力差会对人的健康产生负面影响。社会适应力差的人往往会因人际冲突产生焦虑、抑郁等不良情绪，降低免疫力，大大增加了疾病发生率。医学心理学家丁瓒教授曾指出："人类的心理适应最主要的就是人际关系的适应，所以人类的心理病态主要是由人际关系的失调而来。"人要保持身心健康，不仅需要营养、锻炼、休息等获得生理满足，还需通过安全、友谊、支持、尊重等获得心理满足。

从某种意义上说，良好的人际关系对人是非常有价值的心理慰藉，善于与人相处是诸多能力中不可或缺的能力。锻炼不仅增加了人与人之间接触的机会，提高了人的交流能力；还有利于培养豁达、开朗的性格。而外向性格的人更易与人相处，更易被人接受。此外，长期从事运动的人适应力更强。

二、社会体育促进社会发展的功能价值

（一）促进社会主义美好社会构建的功能价值

1. 社会体育促进人的全面发展，塑造高素质的人

人是历史的创造者，是构成社会的基本元素。实现人的全面发展是实现社会发展的前提。构建社会主义社会，必须培育人的全面发展。人的素养主要包括两个方面：①身体的素养，即身体的健康和生理功能协调。②人格素养，即物质与精神追求的平衡与协调，可实现物质有限性与精神无限性的统一。

运动能提高人的代谢功能，为神经系统创造适宜的兴奋状态，从而为人的智力发展提供良好生理基础。因此，促进身体发育是体育的基本功能。人们往往通过有意和无意地参与体育运动，使精神得到提升，情感得到升华。由此可见，体育对促进人的健康发展具有不可替代的作用。

人的全面发展是社会进步的发展目标。根据马克思主义关于人的全面发展理论，素质全面发展是指人的体力和智力协调发展。球类竞技运动是培养人的身心全面发展的重要手段。通过球类运动，人们可不断开发自身的潜能，锻炼自身的意志；可不断培养良好的生活习惯，形成良好生活方式，从而不断促进自身的全面发展。

2. 社会体育促进美好生活的构建

社会是由个人组成。社会心理学认为，人与动物一样，天生具有攻击性。如果人类的攻击性行为在可控的社会保障中得到释放，则有利于社会稳定。生产力的迅速提高一方面增加了人们享受生活的业余时间，另一方面也增加了人们的竞争压力和心理负荷。现代体育具有严格的规则，可能起到"安全阀"作用。在激烈竞争中，不但人类的攻击性可合理释放，而且人际关系可变得更加亲密。体育能肩负起促进交往、疏通情感、丰富生活的重任。在推进社会主义社会的伟大进程中，如何利用体育作为手段来推进社会治理现代化，使社会充满活力，成为体育科学

研究的重要课题。

　　人与人之间的关系和谐是社会和谐的重要方面。在现代社会，由于人们工作和生活节奏加快，竞争愈发激烈，不确定因素日益增多，人与人之间的"物理空间"缩小，"心理空间"变大，人际关系疏远。而家庭体育、学校体育、社区体育等多种形式的运动能促进各种类型的人际关系交往。人们在轻松的活动氛围中平等相待，按活动规则相互合作、培养感情、增进交流、改善关系、增进团结。因此，体育是友谊的纽带，是营造氛围的平台。它可以在改善人际关系和促进邻里和谐方面发挥重要作用。许多社区都组织了社区运动会，这些陌生的邻居通过参加篮球等球类比赛，彼此之间不再陌生。而且邻里关系和谐、友好对构建和谐社区也具有积极的推进意义。

　　3. 社会体育促进与自然的和谐

　　人与自然和谐不仅是和谐社会重要内容，还是和谐社会的基础。人是自然的产物，但不能凌驾于自然之上。衡量人与自然是否和谐的重要指标是资源和环境承载能力。然而，受生态、经济和经济规律制约，人的主观能动性还是决定性力量。大部分球类竞技运动都是在优美环境中进行的。各类体育场馆良好的布局、设计不仅可为人们提供具有优良环境的健身、娱乐场所，还具有建筑的审美价值。

　　此外，球类竞技运动也唤起了人们对环境的珍惜和保护意识。在绿色体育理念的帮助下，我国许多城市开始重视建设集优美生态环境和体育健身功能于一体的休闲公园。这种环境与体育的紧密结合不仅是保护环境的具体行动，还形成了环保理念，促进了人与自然的交互发展。

　　（二）促进社会经济发展的功能价值

　　1. 促进生产力的良性发展

　　生产力是具有生产技能的劳动者和生产资料结合而形成的改造自然的能力，包括劳动力和生产资料的自然力。社会体育对生产力的提升和促进可以通过劳动力再生产来达成。

（1）球类活动可培养劳动力。球类竞技运动对促进机能发育、预防疾病、延缓衰老，全面提高劳动者素质，特别是身体素质，具有积极的效用。球类运动可改善青少年体形、神经系统、内脏器官功能，提高他们的基本能力。身高、体重、胸围、坐高等发育指标是影响身体素质的重要因素，可反映身体素质高低。有规律的锻炼可促进血液循环，向骨骼供应更多的营养，促进骨骼生长。球类活动还可增加肌肉的血供量，增加毛细血管网的密布程度，使青少年的身体素质更好。

（2）球类活动可以发展劳动力。经常参加球类运动，可改善心血管功能，增加每分心输出量，降低安静心率。经常运动的球类竞技运动者运动时的最大心率比普通人高，安静时的心率较低。球类活动还可改善呼吸系统机能。长期运动是增加肺活量和最大摄氧量的有效途径。一般人的最大摄氧量每分为 2 到 3 升，而经常参加球类运动的锻炼者的最大摄氧量可达每分 4 到 5 升。坚持运动可促进神经系统发育，在球类活动中，人体器官和肌肉活动受神经系统调节。正是由于神经系统功能的改善，人类活动才能在一系列功能中表现出动态平衡。以球类竞技为主的运动可提高人的劳动能力和效率，从而提高劳动生产率。

（3）球类活动可以保护劳动力。球类运动可保护劳动力体现在以下几方面：第一，降低发病率。球类运动可增强人的体质，改善人体功能，提高抵抗力，减少疾病的发生。第二，可减少工作中的事故。运动可使劳动者肢体灵活、精力充沛，减少疲劳，敏捷、灵活、协调地操作机器，从而减少生产事故。第三，可预防或减少职业病。在现代劳动分工更加精细的背景下，人们经常进行重复而单调的动作，容易导致四肢过度疲劳，造成局部病变，形成"职业病"。一些体力劳动者长时间缺乏运动，会导致心脏、肺等脏腑功能减弱，体质变弱。

坚持球类竞技运动的锻炼可使肌肉和关节活动的运动量增加，促进血液循环和新陈代谢，减少职业病。从事脑力活动的个体由于长时间在办公室伏案劳作，一直处于高度紧张的状态，体力活动非常少。大脑过于紧张，超出负荷，缺乏必要休息，就容易引起神经衰弱和身体免疫力低下，引发高血压、冠心病等慢性病。而球类竞技运动可有效预防此类慢性病。

（4）球类活动可以恢复劳动力。球类运动有恢复劳动力的效果。它不仅可治疗慢性病，还可促进局部功能恢复，对全身也有积极作用。适当的球类竞技运动锻炼可改善大脑皮层功能，恢复身体机能的动态平衡，减少疾病的发生。球类活动可调节和改善器官功能，从而减轻甚至消除人体的病理状态。球类活动可促进全身的血液循环，加速局部组织功能，增强体质。球类竞技运动可促进劳动者恢复劳动力和保持良好的精神状态。

2. 社会体育能扩大就业面

虽然我国的社会主义制度为劳动者充分就业提供了许多基础性条件，但目前劳动力资源仍然没有得到充分利用。在总需求不足条件下，就业不充分就必然会导致设备和技术闲置。因此，只有刺激人民群众的总需求，才能实现充分就业。现阶段，人们生活质量提高，人们的生活越来越依赖服务业，因此，第三产业是提供就业岗位最重要的产业之一。发展第三产业有利于扩大就业，提高国家的经济发展活力。而体育产业作为第三产业中的阳光产业，将发挥越来越积极的效用。随着全民健身服务体系的形成，可为社会创造较多的就业岗位。

（1）全民体育工程实施提供新就业岗位。目前，我国各省市全民健身设施的数量与从事体育服务的人数相对不足。因此，有必要加强体育设施建设，大量体育工程建设会为社会提供更多的就业机会。为了保证全民健身设施的可用性和安全性，延长设备的使用寿命，需要专门人员来对这些硬件设施进行维护。

（2）全民体育活动需要大量指导员。在建设体育工程设施同时，还应加强相关"软件"（如锻炼方法、组织形式、竞赛活动等）的建设，特别是体育指导员的培训，在数量和质量上都要提高。据统计，目前我国只有不到五分之一的人在锻炼时有人指导，而其他锻炼者则没有人指导。由于缺乏足够的指导员，健身项目不能发挥应有的作用。因此，全民体育需大量指导员提供支持与保障。

（3）全民体育为老年劳动者提供了合适的职业。由于老年劳动者体力衰退，不适合从事需要快速反应和消耗大量体力的工作。然而，许多老年劳动者往往积累了丰富的知识和经验，只要有合适的职业，他们仍然可发光发热。全民体育活动可为老年劳动者提供适宜职业，如经营健身场所、管理健身器材、提供体育咨询服务等。这些工作既符合老年特点，又有助于老年劳动者发挥本身的特长和经验优势。

3. 球类竞技活动拉动消费

促进经济发展的三驾马车分别是拉动内需、加强出口、进行投资。市场需求首先是消费需求，消费能满足需求，并能构建新需求，新需求促进经济增长。而经济增长会带来居民收入的增加，从而在消费需求和经济增长间形成良性循环。消费总是贯穿于经济活动始终。目前，我国消费市场需求不足，而它恰恰是经济发展的持久动力，有消费增长配合，才能将行政管理转变为市场的自动可持续调节。

球类竞技活动可刺激体育消费，加速内需增长。在体育领域，无论是场地还是器材、装备，都能为商家提供市场切入点。一方面，全民运动刺激了体育产品需求。如今，全国各大城市球类竞技运动的场馆人气极高。体育用品淡季依然火爆，居民购买器材和保健品的支出不断上升。另一方面，球类竞技运动的活动刺激了人们对体育产品的消费，也增加了非体育用品的消费。

三、社会体育促进体育事业发展的功能价值

社会体育促进体育事业整体发展表现在以下几方面：它是竞技运动和学校体育得以发展的基础；竞技运动的发展离不开群众体育，只有社会体育有了坚实基础，竞技运动才能开花结果。可以说，人们对竞技运动的关注、参与和支持制约着竞技运动的发展水平，竞技运动后备人才的数量反映了社会体育发展的深度和广度。社会体育可促进竞技运动的快速可持续推进。因此，社会体育是竞技运动的得以不断跨越的基石。

社会体育既是竞技运动的基础，又是学校体育中"体教融合"不断推进的基础。青少年课余时间一般在家和社区度过，因此家庭和社区的

体育氛围、条件和环境对青少年体育意识培养非常关键。充满乐趣和挑战的社区体育活动和良好的家庭体育氛围有利于培养青少年的体育意识。

社会体育需要动员社会人员在业余时间广泛开展锻炼活动。它是促进人全面发展的重要途径和方法。社会体育又是一项社会活动，它对社会发展和进步起着重要作用，有利于社会的良性运转。此外，社会体育是体育事业的有机组成，是我国体育事业的基础，社会体育发展不仅可以促进竞技运动和学校体育的发展，还对我国经济发展和社会的良好运行起着积极作用。

第三节　新时代社会体育的发展路径

一、新时代社会体育服务体系的发展

（一）社会体育服务体系发展的原则

1. 坚持整体性原则

社会体育服务体系是一项复杂工程。从社会体育服务体系内部环境看，场馆、组织、活动、监测等子系统应同步推进，任何一方面的落后会影响服务质量。从社会体育服务体系的外部环境看，政策、财政和经济发展是影响体系建设水平的重要因素。财政与经济发展是辩证统一的。公共财政决定了社会体育服务的供给，经济发达地区的社会体育服务供给要优于欠发达地区，因此可加强对欠发达地区的支持力度。建立"政府主导、部门协调、全社会参与"的格局，优化资源，促进沟通，引入社会力量。此外，地区间协作机制通过地区间要素流动，构建资源共享平台，形成区域统筹局面，创新联动形式和方法。①

2. 坚持多样性原则

社会体育服务的方式有很多种，只有深入市场进行仔细调查，才能

---

① 史小强，戴健.政府购买全民健身公共服务绩效评估指标体系构建研究[J].沈阳体育学院学报，2021，40(3): 48-57.

清楚了解当地人们的体育需求。比如，某些地区具有"山、河、湖、海"等自然景观的资源优势，该地区就可以分利用现有自然资源，构建具有区域特色的社会体育服务体系，加强对自然环境的开发利用，充分利用创新性思维方式拓展体育引资渠道，为人们提供多元化的健身服务和产品类型。

3. 坚持公平与效率兼顾原则

公平与效率是构建社会体育服务体系需要考虑的基本要素。因此，有必要建立科学的社会体育服务绩效评价方法，在公平的基础上体现效率，加大绩效评价在社会体育服务体系建设中的作用。一方面，建立规范、科学的绩效考核体系，按照公平、优先原则，定期评估社会体育服务体系水平，注重效率，并及时反馈；另一方面，根据不同地区环境和经济发展特点，进行设施布局和装备配置，提高服务资源利用率。

（二）社会体育服务体系发展路径

1. 健全社会体育服务体系法律法规制度

制度是指一个社会组织或团体中要求其成员共同遵守并按一定程序办事的规程。科学、公平的社会体育服务体系需要加强制度建设，进而监督政府投资和相关单位的行为，管理体育社会组织的运营。只有规范化的法律制度才能减少不良社会行为的发生，让政府依法管理，确保政府在建设中对公共财政投资的连续性。构建社会体育服务体系的相关制度应以保障绝大多数人民群众权益为重点，增强可操作性。法律体系的制定应立足于解决实际问题，逐步建立起完善的制度体系。例如，政府应尽快通过立法规范公共体育服务的购买行为；建立多层次的立法体系；确保法律体系的制度化；引入行政法规、规章和自治条例；加强社会体育在服务体系中相关法律的执行力度，做到有法必依、违法必究。[①]

2. 鼓励社会力量参与社会体育服务体系建设

根据社会体育服务的属性，其参与的行为主体是政府部门。政府行

---

① 黄汉池，陈金婵，宋福杰 ."健康中国 2030"对接终身体育的协同机制研究 [J]. 体育科技文献通报，2021，29(1)：28-30.

政管理的局限性限制了社会体育服务供给的效率。因此，要满足多元化需求，必须改变单维度供给模式，充分发挥政府作用的同时，鼓励社会力量参与。从国内外案例来看，可以从以下几方面入手。

（1）利用市场机制吸引社会资本。政府以招标形式将全民健身工程承包或委托给企业或个人经营，在土地、税收等方面给予优惠，严格按契约精神进行合同化管理，让企业或个人有利可图。

（2）鼓励社会参与。部分地区民营经济发达，资本雄厚，但社会参与程度低，没有充分调动民营经济的力量发展体育。因此，政府应通过引导捐赠，从政策和法律上保障捐赠者权利，对参与者给予物质或精神上鼓励；调动各类协会或俱乐部的积极性，促进体育社会组织的成长，发挥其在全民健身活动中的纽带作用。

3. 建立社会体育服务公众参与机制

社会体育服务的基本特征是公共性，参与度和满意度是衡量社会体育服务的标准。发达国家经验表明，建立民主决策机制可提高服务效率。例如，英、美等国在征求社区居民意愿后，通过提高软件和硬件条件以满足居民需要，采用的是"自下而上"模式。而我国大部分社会体育服务体系是"自上而下"建立，没有给公众提供表达、参与的机会，导致需求和政府提供的服务时有错位，国家良好资源得不到最优化的利用，降低了公共服务资源效率。为了解决这些问题，可以从以下几方面入手：一是通过民意调查进行全方位了解，探知真实需求，并提供正确的指导和有效的宏观发展计划；二是建立公民参与社会体育服务的体系。此外，可以通过参与程序、制度支撑渠道的畅通满足公众表达和参与的需要。通过制度建设监督政府行为，评估政府绩效，从而对社会体育政策实施产生积极作用。[1]

4. 建立社会体育服务供给主体间协同机制

协同理论认为，在系统中，如果各子系统（元素）之间不能充分发

① 韩世昊. 我国老龄人口社会体育服务体系建设研究 [J]. 科学大众（科学教育），2019(07): 194.

挥自己的优势，甚至相互之间有抵触和破坏，就必然会处于无序和崩溃的边缘，无法发挥最佳的效能。相反，如果系统中的子系统（元素）能很好协调，各种力就可聚集成合力，产生远远超出其原有功能总和的作用。社会体育服务体系是复杂系统，生产者、监督者和控制者是基础元素。如果各要素间相互配合，形成协调结构，体系就能发挥最佳效能。因此，有必要建立政府各职能部门间，尤其是利益相关者间的协同配合供给机制。相关部门、政府、企业和非营利组织要有共同的价值取向，制订建设计划，避免重复、无效建设。

二、新时代社会体育组织的发展

（一）社会体育组织的概念与特征

1. 社会体育组织的概念

根据《民间组织分类标准及指标解释》中的相关分类，社会体育组织是指从事各种体育活动的社会组织。在实践中，社会体育组织意义有：一是体育社会组织管理实践不同于其他社会组织；二是政府认可是社会体育组织取得民事法律主体资格的先决因素，是法人登记、免税的政策性依据，是承担政府购买服务的准入条件；三是通过政府制定社会体育组织评价检查的内容体系；四是在政策层面明确社会体育组织的性质。结合其基本属性，本书定义如下：社会体育组织是指具有非营利性、非政府性，人们自愿参与各种体育健身活动，并根据其章程达到特定人群的体育服务目的或常见体育需求的社会组织。[①]

2. 社会体育组织的特征

（1）非政府性。非政府性指非官方性、纯民间性，体现了不属于政府组织体系，不受政府控制的特点，强调了其独立承担计划和实施体育活动的特点。根据《中华人民共和国民法通则》，在民事活动中，社会组织与政府在法律上具有独立人格、地位平等，两者间不存在从属关系。

---

① 唐华.全民健康战略视角下中西部地区公共体育服务体系发展研究——以海南省为例[J].吉首大学学报（社会科学版），2018，39(2)：187-191.

非政府是社会组织的重要属性。从理性角度看，政府与社会组织间是合作互补的关系。虽然两者都以策划、运营为主线，但都有各自优势。政府提供基本公共服务，如公共体育设施，然而，社会体育组织提供的公共体育服务与政府不同。例如，人们在健身手段和组织方面具有多样化特征，政府很难满足此类需要，而社会体育组织可以弥补此类不足。良好的健身方式是持续、不间断的活动，持续提供"多元化"服务是社会体育组织的优势所在。社会体育组织应适应社会需要，通过提供与政府的公共产品满足大众需求，从而实现组织使命。

（2）组织性。组织性是指社会体育组织作为自治组织，是具有自身目的、依靠自治和自律运作的组织。作为扁平化组织，社会体育组织没有上级部门进行垂直化管理，主要依赖其他治理来实现组织使命，自治是显著特征。因此，社会体育组织必须明确目标，围绕使命开展活动；必须明确章程、机构、岗位和机制，对管理操作和终止程序进行合理化设置，确保操作标准化，促进效率。组织性对于社会体育组织非常重要，体育是以项目为载体的群体活动，社会体育组织需要结合项目特点进行协调和统筹。每个项目都有自身规则，对组织性具有规范要求。社会体育组织需要按照项目特点和地域优势开展活动。

（3）志愿性。社会组织作为公益组织，提倡自愿、奉献，不求私利，只求公共利益。所谓志愿性，指人们自愿建立的社会体育组织，利用业余时间参加普及知识、传授技术、组织活动等公益活动。志愿服务是其显著特征。体育志愿者是欧美国家社会体育发展的保障。没有志愿服务，就没有社会体育的良性、可持续推进。志愿者自愿进行志愿服务，如组织体育活动、管理俱乐部、维护设施设备。

（4）专业性。体育具有实用性和技术性要求。掌握合理、必要的技术是完成动作、获得乐趣、达成效果、减少损伤的必要条件。同时，各项运动也都有统一规则和标准，需要通过专门实践来掌握。社会体育组织是专门从事体育健身的组织。专业性是社会体育组织区别于其他社会组织的基本元素。国内外社会体育组织大多根据项目需求建立。通过合理组织，将爱好体育的专业人士或业余爱好者联合起来，举办多种赛事，提升体育产业的发展质量，从而提升精神文明建设水平。部分社会体育组织以普及项目为使命，不断扩大体育爱好者的群体规模，营造良好的体育活动氛围。[1]

（二）社会体育组织发展的路径

1. 创设政府购买服务环境

要创设政府服务环境，需要做到以下几点。

（1）加快推进服务型政府建设。促进社会体育组织的功用，政府部门应改变对社会体育组织的看法，认识到它不仅是管理对象，还是得力助手。厘清其价值，提升其功能。政府和社会体育组织应建立合作共赢关系，明确各自权利和义务，认清各自的边界。在治理日趋多元化的大背景下，社会体育组织承担社会事务，而政府则应扮演好应有的规划、调控、监督和评价角色。唯有如此，才能明确政府与社会体育组织的协调配合方式，从而有利于服务型政府建设和社会体育组织的健康、可持续发展。

（2）重视相关法律政策环境建设。规范和建设相关规章和制度可以使社会体育组织做到有法可依、有章可循，从而形成良性循环。良好的法律和政策环境无疑是促进政府和社会体育组织可持续合作的保障，也是促进社会体育组织不断发展的重要基础。

（3）社会体育组织要准确定位。社会体育组织需要不断提高服务质量，赢得政府和大众的支持、配合与信任，发挥人民群众与政府的纽带功能，主动创建有利于社会发展的良好环境。

2. 优化社会体育组织的管控方式

保持独立性是政府向社会体育组织购买服务的前提。然而，社会体育组织的分级、双重管理等明显与此相悖。因此，社会体育组织需要从"双重管理"转换成"单向管理"，即以前的业务主管部门不再监管它，只扮演业务指导角色。

---

① 郑宏伟. 苏北地区社区体育公共服务体系的发展与对策研究 [J]. 体育文化导刊，2016, 34(11): 71-75.

随着我国社会体育组织的发展，有必要设立社会体育组织服务部门，实行备案、登记和监督制度。这可从根本上改变其对政府的依赖，放宽限制，简化程序。政府应发挥引导作用，不要过度干预其正常活动，让其实现自治。此外，要不断创新管控模式，完善法人评价机制。政府应实时监测其承担的服务项目，及时了解效果并给予反馈。还可由体育产业专家、学者和体育爱好者组成的第三方进行客观、有效评估，提高社会体育组织的管理效率。

3. 不断提高社会体育组织的服务质量

社会体育组织的能力是承接公共服务订单的关键因素。一方面，它决定了能否中标；另一方面，它决定了其服务质量能否得到评价机构肯定。

社会体育组织要提高整体实力，不断提高体育服务质量，可以从以下几方面入手。

第一，大力培养具有专业素质和人文素养的专业人才。在社会体育组织完善自身的过程中，要不断建设具有凝聚力和战斗力的组织文化，吸引和留住具有较高素养的人才，提高人才队伍水平。

第二，加强培训，加快人才的社会体育组织管理知识和体育技能的更新，从而提高体育公共服务能力。

第三，加强自律，完善管理机制，加强自我监督的能力，社会体育组织之间相互监督，保证组织的纯洁性和公益性。

第四，充分利用中标的政府资金，并利用组织获得的资源合法运营，扩大服务内容的项目，增加运营的收入。同时，要开源节流，多渠道筹集资金，确保组织的健康、可持续发展。

4. 合理规划社会体育组织布局

合理规划社会体育组织布局十分重要。不良布局会制约社会体育组织的发展，也会成为政府购买体育公共服务的阻碍因素。政府应在全面调研现有社会体育组织的基础上，制订规划，统筹发展。需要做到以下几点。

首先，加强对运营良好、有较强实力的社会体育组织的政策引导、资金支持力度，加大对具有良好社会体育组织潜力的小规模群体的培育力度。

其次,对整体实力较弱、活动不频繁、规模缩小、运行困难的社会体育组织进行资源和人员的重组优化。

再次,调整重复供给的社会体育组织项目,使其逐步实现区域平衡,使项目类型和数量基本满足大众的需求。

最后,政府应及时了解人们的体育公共服务需求。社会体育组织要加强与政府部门的交流,实现信息均衡和对称,制订发展计划,不断扩大服务内容和对象。

三、新时代社会体育管理体系的发展

(一)社会体育管理观念

管理理念是否符合时代的发展和基本的管理原理直接影响着管理体系建设质量的高低。因此,有必要树立科学管理理念,以确保社会体育的不断推进和提升。

1. 职能观念

在社会体育管理中,各主体的责任是社会体育管理主体的表达形式。社会体育管理是一个宏观、有序的过程。各部门要发挥自身优势,协调统筹各项工作,防止职能错位和权责不均衡现象发生。

在现代社会体育管理中,政府要加强社会体育管理的职能,管理理念需要具备以下特点。

(1)有限性。在法定权限内,政府对所应管的社会体育事务进行管理。这种管理职能对有序管理社会体育起着基础作用,集中表现在对社会体育的计划、指导、协调、评估、监督和服务等职能。

(2)有序性。即对各政府管理职能间的权重进行排序,从而使职能系统的"优化统筹"效应得到更好发挥。

(3)动态性。各项管理职能的重心及体系应随着社会体育的发展而变化,在此背景下,政府部门应弱化社会体育规划指令性管理,强化社会体育的社会性引导和评价,以提升管理的人性化、人本化。

2. 法制观念

从 20 世纪 80 年代开始，我国社会体育法制有了长足进步，出台了一系列与体育相关的法律和纲要文件，如《中华人民共和国体育法》《全民健身计划纲要》等，为我国体育改革建立了法律保障，保证了社会体育有序、健康和可持续发展。在此背景下，也有必要逐步完善社会体育法治体系。原因如下：①社会体育管理的法治化和民主化趋势日益明显；②社会体育管理手段趋向信息化。社会体育运行的经济和行政手段应得到法律保障。

3. 效益观念

效益有其独特内涵和表现。树立正确的效益观不仅符合时代的要求，还符合社会发展的需要。目前，国家对社会体育资源的投资总量有限，在此背景下，如何充分做到资源优化利用主要取决于管理的统筹能力。社会体育是培养人的社会活动，但由于其特殊性、长期性、潜在性和效益滞后性，社会体育管理者容易忽视其长期效应，从而使社会体育不能发挥其应有效能，达不到预期的效果。

（二）我国社会体育发展的提升策略

1. 拓展锻炼的空间条件

社会体育内容包罗万象，既包含简单的徒手运动，又包含复杂的球类运动等；它不仅包括竞技对抗比赛，还包括大众健身的低强度运动形式。在体育锻炼中，人们不必非要在固定体育场所进行锻炼和健身，其他适合锻炼的场所也可加以开发和利用，如废弃厂房、社区空地、公园广场等。

2. 提升项目的服务领域

竞技运动能满足人们多层次需要，它与社会各领域事物都有联系，如政治、军事、经济、外交、美学等。社会体育不是独立发展的，而是与社会紧密关联、相互配合、协同发展的。

3. 提高管理的服务维度

社会体育参与者来自社会不同行业，生活环境、生活方式、经济条件不同，职业、年龄、身体素质等有很大差异。因此，社会体育的项目应该多元化。另外,社会体育具有多重功用,它可以在健身、健美、娱乐、休闲、康复、人际交往等方面满足参与者不同需求。

4. 注意实施的群体实际

小而多元是社会体育工作方针,这决定了社会体育活动必须分散组织。社会竞技运动活动需要利用余暇时间分散实施,这需要组织和管理者灵活掌握各种积极因素,从而推动社会体育不断发展。

(三)社会体育管理体系的发展路径

1. 加强社团管理

社会体育协会以体育为组织内容的组织,其具有民间性、非营利性和互利性等特征。加强协会管理对管理体制发展具有重要影响。要想促进社会体育管理体系的发展,可以从以下方面入手。

(1)鼓励体育协会发展。体育协会属于非政府组织,政府不应对其进行过多干预,但可用宏观手段加以引导。对体育协会进行放权,要给予协会应有权利,促进协会数量的增加。在社会体育活动的组织、开展方面,发挥体育社会群体的主导作用。[1]

(2)加强法制建设。虽然我国体育协会取得了一些成就,一是协会实体资金的来源主要靠捐赠收入,应接受捐赠者和公众监督,并实行财务公开制度,以防止个人侵吞财产,目前这方面还有待改进;二是协会虽不享受税收优惠,但可凭借企业法人身份拒绝监督和财务公开。而且,即使协会将其所得向成员发放红利,也不会受到法律制裁。在此背景下,有必要采取法律措施,加强管控,确保有法可依、有章可循,通过法律手段促进体育管理的规范化。[2]

此外,除了运用法律手段加强对协会管理外,还应建立协会监管制度。在这方面,我们可以借鉴国外发达国家的经验。在国外,社团的监督既有管理部门监督,也有社会监督,比如舆论的监督、捐助者的日常监督、

---

[1] 刘国永.全面深化群众体育改革的思考[J].体育科学,2015,35(8):3-7.

[2] 杨桦,任海.我国体育发展新视野:整体思维下的跨界整合[J].北京体育大学学报,2014,37(1):1-8.

客户的合同监督，还有社团本身规章制度的行业自律等。

（3）加强人才培养。人才培养对社会体育协会管理起基础保障作用。一方面，体育协会负责人应明确体育发展与社会发展的关系。另一方面，要加强体育社团管理人员培训，利用现有资源，培养专业、可靠、高素养的体育人才队伍。

体育协会的管理是一项系统工作，既要加强自身标准体系的构建，又要与体制改革相结合。体育协会发展不是某部门的责任，它需要社会各部门的通力协作。

2. 实现社会体育管理标准化

（1）社会体育管理标准化。标准化是指以实施标准为主要尺度的管理行为方式。社会体育标准化指在管理过程中制定实施标准，按照既定社会体育管理模式进行活动的模式。标准按性质分可以细分为：体育技术标准、体育服务标准、生产组织标准和经济管理标准。①

（2）标准化管理路径。实施社会体育标准化管理须满足以下三个条件：首先，社会体育的被管理对象需要适合标准化管理；其次，制定的管理标准符合客观实际的；最后，标准应按照制定初衷，正确、有效地实施和落地。例如，根据《中华人民共和国标准化法》，体育场馆的服务标准为：第一类是危险体育赛事场馆服务质量标准，对开放条件和技术要求有强制性国家标准；第二类是风险相对较小的体育活动场馆服务质量标准，管理者应制定体育场馆管理分级与风险评价标准。②

在社会体育不断发展的背景下，实现社会体育管理的标准化意义重大，对其未来发展有积极影响。长期以来，我国体育管理存在政企不分、管办不分，政策制定与执行混淆，如中华全国体育总会、全国性单项运动协会职责未能清晰划分，其管理效率不高，服务效能不强等问题。为了解决这些问题，一方面，强化政府、企业与非营利组织间的多元合作，

① 张建会,刘振江,刘晔,徐建振,赵德勋.全民健身公共服务体系研究——基于河北省的实证分析[J].河北体育学院学报,2013,27(3):11-17.

② 文礼,高艳敏,刘玉.体育公共服务体系基本理论框架构建与分析[J].沈阳体育学院学报,2012,31(6):25-29.

充分调动公共资源与私有资源为社会体育的推进服务；另一方面，要避免因组织繁杂而造成部门间合作出现职能重叠、效率低下、运行不畅等问题。因此，政府、企业与非营利组织的多元合作是建立在相互认同、协商以及伙伴关系基础上，必须避免重复构建、多头管理、恶性竞争、资源配置低效等顽疾。

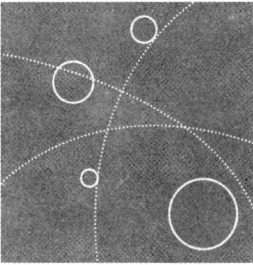

参考文献

[1] 钟永锋, 胡亦海. 竞技运动教育的价值结构与价值要素——竞技运动教育价值体系构建及其解析 [J]. 武汉体育学院学报, 2016, 50(12): 79-82, 89.

[2] 管健民, 钟永锋, 胡亦海. 跆拳道精神价值核心要素解析 [J]. 体育文化导刊, 2017, 35(9): 68-71.

[3] 钟永锋, 胡亦海, 王宏. 中美 "体育文化内核" 比较研究 [J]. 体育科学研究, 2016, 20(6): 27-31.

[4] 胡英宗, 陈赛红, 邓楠. 控制理论与球类竞技能力评定模式研究 [J]. 吉首大学学报 (社会科学版), 2014, 35(S2): 149-151, 154.

[5] 夏尧远. 竞技体育价值论 [J]. 北京体育大学学报, 2007, 30(3): 432, F0003.

[6] 张雪峰, 刘建和. 同场对抗类项群比赛中随机现象的初步研究——以足球、篮球项目为例 [J]. 成都体育学院学报, 2013, 39(6): 70-75.

[7] 谭龙杰. 不同人群对篮球裁判的价值取向 [J]. 当代体育科技, 2020, 10(23): 195-198.

[8] 李忠义, 史兵. 教育的疏离与回归——竞技体育价值诉求缺失与补救 [J]. 武汉体育学院学报, 2013, 47(1): 35-39.

[9] 李杰凯, 张连江. 论现代竞技运动价值观及评价体系的逃离 [J]. 上海体育学院学报, 2002, 26(4): 6-11.

[10] 张岩. 区域体育文化发展背景下青少年篮球文化发展的意义与价值 [J]. 区域治理, 2019(404): 221-223.

[11] 陈军. 篮球运动中假动作的应用及价值 [J]. 产业与科技论坛, 2019, 18(16): 175-176.

[12] 侯学华, 地里木热提阿不都卡的尔, 金晓平. 中国足球项目的价值目标、现实差距与路径设计 [J]. 北京体育大学学报, 2015, 38(10): 126-133.

[13] 孙伟伟 . 街头篮球运动的价值研究 [J]. 当代体育科技 , 2019, 9(21): 170-171.

[14] 达桂邕，韦练珍 . 大学生体育休闲娱乐教育探析 [J]. 柳州师专学报 , 2008, 23(3): 112-114.

[15] 顾青 . 足球运动对青少年健康价值研究 [J]. 内江科技 , 2020, 41(6): 144-145.

[16] 金杰，张闻 . 浅析我国校园足球运动开展价值与动向 [J]. 体育风尚 , 2020, 36(7): 143, 145.

[17] 刘武 . 论校园足球运动对高职学生体质健康价值提升的影响 [J]. 文体用品与科技 , 2020, 40(9): 196-197.

[18] 赖思泉 . 体育强国目标下我国校园足球的价值定位及其实现分析 [J]. 文体用品与科技 , 2020, 40(9): 52-53.

[19] 康达强，赵敏 . 精心培育"足球文化"全面落实"立德树人"[J]. 四川教育 , 2019, 63(24): 10-12.

[20] 蒲燕 . 校园足球在学校体育改革中的价值初探 [J]. 当代体育科技 , 2019, 9(34): 73, 75.

[21] 符凡 . 全民健身下草根足球的大众健身价值 [J]. 文体用品与科技 , 2019, 39(23): 255-256.

[22] 裴益民 . 论体育美的本质 [J]. 甘肃教育学院学报 (社会科学版), 2002, 18(1): 67-70.

[23] 陈剑飞 . 市场经济背景下高校网球训练的价值和意义分析 [J]. 质量与市场 , 2020, 40(12): 121-123.

[24] 陈鹏，王国志 . 国际网球赛事解析与价值借镜 [J]. 安徽体育科技 , 2019, 40(6): 15-18.

[25] 史朝兵 . 网球文化教育价值及其在高校普及路径的研究 [J]. 体育科技文献通报 , 2018, 26(1): 39-40, 55.

[26] 史朝兵 . 内涵与价值：网球文化与高校网球教学 [J]. 连云港师范高等专科学校学报 , 2017, 34(2): 84-87.

[27] 张荣荣."微课"在普通高校网球教学中的应用价值研究 [J]. 才智, 2017, 17(7): 36.

[28] 宋禹宛圻. 网球运动的美学价值分析 [J]. 中华少年, 2016, 28(9): 201.

[29] 文兵, 杨芬. 网球文化的价值分析与建设路径探讨 [J]. 文体用品与科技, 2014, 34(2): 43.

[30] 于福志. 浅析当今网球运动对普通市民健身价值的影响 [J]. 文体用品与科技, 2014, 34(2): 201.

[31] 甘开国. 全民健身视域下高校开展羽毛球运动价值 [J]. 灌篮, 2019, 27(11): 165.

[32] 孙安朗. 全民健身运动中羽毛球运动的作用与价值探讨 [J]. 文体用品与科技, 2019, 39(7): 253-254.

[33] 胡斌, 胡永南. 新时代背景下羽毛球运动促进青少年健康的价值研究 [J]. 青少年体育, 2019, 8(3): 39-40.

[34] 王天阳. 高校大学羽毛球教学对学生价值的影响浅析 [J]. 当代体育科技, 2019, 9(7): 141-142.

[35] 张燕. 全民健身视域下高校开展羽毛球运动价值探析 [J]. 运动精品, 2018, 37(7): 17, 20.

[36] 徐大忠. 羽毛球运动的特点及其在全民健身运动中的价值 [J]. 中国高新区, 2018, 18(13): 274.

[37] 史者. 羽毛球运动的美学特点和审美价值探讨 [J]. 科学中国人, 2015, 23(36): 246.

[38] 黄祯耀. 羽毛球在全民健身中的应用价值分析 [J]. 当代体育科技, 2018, 8(6): 155, 157.

[39] 唐清梅, 罗旺. 羽毛球在全民健身中的意义与价值 [J]. 广东蚕业, 2017, 51(8): 48.

[40] 安维强. 羽毛球俱乐部联赛在群众性羽毛球运动发展中的价值分析 [J]. 浙江体育科学, 2017, 39(2): 69-72.

[41] 李英达. 高校羽毛球教学的价值分析与提升教学效果的途径研究 [J]. 才智, 2016, 16(9): 170.

[42] 向玉洁,谢茂芬,陈宇.羽毛球运动的特点及其健身价值分析 [J].当代体育科技,2015,5(32):33-34.

[43] 钟频,楚霄.老年人羽毛球健身的价值与锻炼方法研究 [J].内江科技,2016,37(1):109-111.

[44] 张金桥,李英杰.围绕"六个身边"构建全民健身发展的路径 [J].体育成人教育学刊,2020,36(5):41-49,95.

[45] 傅锦涛.从体育健身角度看校园体育文化建设 [J].当代体育科技,2020,10(26):82-84.

[46] 周伟."全民健身"背景下足球运动文化分层发展策略 [J].科技资讯,2020,18(16):246-247.

[47] 任安众,冯瑞,王珊."健康中国"视角下健身文化高校传播路径探析 [J].青少年体育,2019,8(12):26-27.

[48] 童世英.关于竞技文化有效开展的思考 [J].四川戏剧,2020,33(9):187-189.

[49] 孙妍.体育强国建设进程中竞技运动项目文化的责任与使命 [J].当代体育科技,2020,10(22):73-74,77.

[50] "校园足球文化浸润下学生成长研究"课题组."校园足球文化浸润下学生成长研究"中期报告 [J].清风,2020,17(20):94-95.

[51] 孔祥臻,史兵,侯颖.校园篮球文化的异化现象及其归位研究 [J].辽宁体育科技,2020,42(5):121-124.

[52] 傅锦涛.从体育健身角度看校园体育文化建设 [J].当代体育科技,2020,10(26):82-84.

[53] 仓敏超,陈莉,王晓.百花齐放,育人为本——推进校园足球健康发展 [J].体育教学,2020,40(9):76-77.

[54] 姜广禹.高校校园篮球文化建设探讨 [J].当代体育科技,2020,10(20):95-97.

[55] 石乾.篮球运动对高校校园体育精神文化的影响 [J].拳击与格斗,2020,34(7):79-80.

[56] 孙奕.试论篮球运动对高校校园体育精神文化的影响 [J].当代体育科技 , 2020, 10(7): 90-91.

[57] 周浩，王乐，吴敏，等.校园足球竞教融合发展研究——以大连海洋大学为例 [J].冰雪体育创新研究 , 2020, 42(9): 73-74.

[58] 邱晓磊.校园网球文化对高校网球运动发展的影响研究 [J].兰州文理学院学报 (自然科学版), 2020, 34(3): 103-107.

[59] 张力，王莉.篮球运动对高校校园体育精神文化影响研究 [J].体育风尚 , 2020, 36(6): 241.

[60] 杨君民.篮球运动对高校校园体育文化的影响研究 [J].当代体育科技 , 2020, 10(11): 126-127.

[61] 刘一民，刘翔."健"文化价值及当代哲学意蕴 [J].北京体育大学学报 , 2020, 43(2): 45-51.

[62] 董晓起.全民健身和竞技体育城市建设中文化软实力的体现 [J].当代体育科技 , 2019, 9(35): 210, 212.

[63] 杨国庆.从文化缺失到文化自觉：中国竞技运动项目文化建设的突围 [J].武汉体育学院学报 , 2019, 53(10): 5-11.

[64] 韩杰.乡村振兴背景下农村体育公共服务的多元审视 [J].体育科技文献通报 , 2020, 28(11): 138-140.

[65] 蒋丹颖.新中国成立以来我国全民健身志愿服务的回顾与展望 [J].体育科技文献通报 , 2020, 28(11): 141-143.

[66] 孙静，魏彪，李旭辉.新时代体育强国背景下山西群众体育发展措施 [J].山西大同大学学报 (自然科学版), 2020, 36(5): 104-107, 120.

[67] 李辉，徐昶楠，王豪，等.立陶宛竞技篮球发展经验及启示 [J].体育文化导刊 , 2020, 38(6): 72-77.

[68] 李海涛.我国竞技篮球后备人才培养现状与发展路径 [J].体育文化导刊 , 2020, 38(5): 61-66.

[69] 牟歆.网球运动文化价值研究——基于案例的调查与分析 [D].武汉：武汉体育学院 , 2016.

[70] DUBOIS P E .The effect of participation in sport on the value orientations of young athletes[J]. *Sociology of sport journal*, 2010, 3(1): 29-42.

[71] BOCKRATH F. Is there any value in sports? about the ethical significance of sport activities[J]. *International Review for the Sociology of Sport*, 1995, 30(3-4): 289-309.

[72] KAVALIR P. Sport in the value system of czech adolescents: continuity and change[J]. *International Journal of the History of Sport*, 2004, 21(5): 742-761.

[73] DRANE C F , BARBER B L. Who gets more out of sport? The role of value and perceived ability in flow and identity-related experiences in adolescent sport[J].*Applied Developmental Science*, 2016, 20(14): 267-277.

[74] DOHERTY A. Investing in sport management: the value of good theory[J]. *Sport Management Review*, 2013, 16(1): 5-11.